S.F.
V.

René Char

DRAUSSEN DIE NACHT WIRD REGIERT

Poesien
Französisch und deutsch

Mit einem Nachwort von
Albert Camus

S. Fischer Verlag

Übertragen von Paul Celan, Gerd Henniger, Johannes Hübner, Lothar Klünner und Jean-Pierre Wilhelm
Ausgewählt von Christoph Schwerin
aus den 1959 und 1968 bei S. Fischer erschienenen Bänden
René Char, *Poésies. Dichtungen* und *Poésies. Dichtungen II*

Den auszugsweisen Abdruck des Interviews
von France Huser mit René Char
hat uns die Jeanne-Mammen-Gesellschaft e. V., Berlin, erlaubt.
Satz: Wagner GmbH, Nördlingen
Druck und Einband: Franz Spiegel Buch GmbH, Ulm
Printed in Germany 1986
ISBN 3-10-010703-9

DRAUSSEN DIE NACHT
WIRD REGIERT

Deutsch von Johannes Hübner und Lothar Klünner

DRAUSSEN DIE NACHT WIRD REGIERT

Dehors la nuit est gouvernée (1937–1938)

DEHORS LA NUIT EST GOUVERNÉE

Peuple de roseaux bruns lèvres de pauvreté dentelles haletantes au levant de son sillage gravi entrée en flamme
Je baise l'emplacement de sa chair fondée
Derrière la vitre toutes les fièvres écrasées bourdonnent se raffinent
Lauréat des yeux transportés
Jusqu'au torrent pour la lécher au fond de sa faille
Secoue-toi infirme vent de portefaix
Tu pèses nuisible sur le commerce des grades
Son encolure n'a pas renoncé au feuillage de la lampe
Les liens cèdent L'île de son ventre marche de passion et de couleurs s'en va
La hampe du coquelicot révolte et fleur meurt dans la grâce
Tout calme est une plainte une fin une joie

Monstre qui projetez votre humus tiède dans le printemps de sa ville
Ventouse renversée au flanc de l'agrément du ciel
Souffrez que nous soyons vos pélerins extrêmes
Semeurs ensevelis dans le labyrinthe de votre pied.

TOUS COMPAGNONS DE LIT

Tous compagnons de lit florissants dans le sommeil d'aujourd'hui fraternel
Sur quoi reposent et veillent leurs outils infranchissables conquis sur la paresse et l'exploit de travail
Temps vomis ils roulaient dociles aux avant-postes du néant redoutant le sordide entourage
Pourvoyeurs d'or mais à peine moins chétifs qu'une motte de chiendent dans un hectare en friche

DRAUSSEN DIE NACHT WIRD REGIERT

Volk von braunem Schilfrohr, Lippen der Armut, Spitzenborten, keuchend beim Aufgehen ihrer erstiegenen Kielfurche, Eingang in Flammen,
Ich küsse die Stätte ihres festgegründeten Fleisches.
Hinter der Fensterscheibe summen alle erdrückten Fieber und läutern sich.
Laureat der bis zum Sturzbach hingerissenen Augen,
Sie zu kosten im tiefsten Grund ihrer Schlucht.
Schüttle dich, siecher Lastträgerwind,
Verderblich drückst du auf allen hohen Umgang.
Ihr schlanker Nacken konnte das Laubwerk der Lampe nicht missen.
Die Bande weichen. Die Insel ihres Leibes, Stufe der Leidenschaft und der Farben, schwindet,
Der Stengel des Mohns, Revolte und Blüte, stirbt in Gnaden,
Jede Windstille ist eine Klage, ein Schluß, eine Freude.

Ungeheuer, wie schleuderst du deinen lauen Humus bis in den Frühling ihrer Stadt,
Umgestülpter Saugnapf im Schoß des lustvollen Himmels,
Laß uns deine entschlossensten Pilger sein,
Sämänner, im Labyrinth deines Fußes begraben.

BETTGENOSSEN ALLE

Bettgenossen alle, die schlafend blühn im brüderlichen Heute,
Auf dem ihre unüberwindlichen Werkzeuge wachend ruhn, der Trägheit abgetrotzt und der Arbeitstat,
Sie erspieen die Zeiten, rollten gefügig bis zu den Vorposten des Nichts, voll Furcht vor dem schmutzigen Umkreis,
Goldlieferanten, doch beinahe ebenso dürftig wie ein Stück Grasnarbe in einem Hektar Brachland,

Ils étreignent enfin ce présent digne d'eux
Qu'un devenir de maîtres leur brisait

L'aventure du repos n'est plus martelée de sueurs des irrésistibles gourmandises d'ordures
Ils ne croisent plus sur la pente affûtée la fausse aurore dallée de fossiles célestes et de bissacs de larmes
Où fatalement l'amour se transmuait en boue et l'espoir en fardeau
Tête d'agneau sanglant le cœur avait perdu toute sa laine
Et d'horreur en horreur atteint la beauté populaire aux horloges innocentes
Ainsi tardait à remonter dans les plis de l'épervier le plomp inexplicablement épris de la connaissance de ses proies

Vision de détournement signifiée au simple enchaîné entonnant l'injure pour protéger sa croissance insoutenable
La putride l'azur la sanguinaire mordue aux hanches maîtresse aux freins
Nous vouons un buisson carnivore à la garniture de sa petitesse capiteuse
À chacun sa chaleur et le soleil pour tous éculé ô malpropres
La braise se tient droite quand s'appliquent aux flammes les limaces
Haine nous te fendrons le roc avant de tomber à genoux

Chers allongés qui avez amené le sang prestigieux sur des hauteurs où ne se montre guère l'amertume
Vous réparerez vite dans l'écrin de vos lois la place chaude que nous y aurons un instant occupée

Endlich umschlingen sie diese Gegenwart, die sie verdienen,
Die ein Drang zur Bemeisterung ihnen zerbrach.

Das Abenteuer der Ruhe wird nicht mehr gehämmert vom Schweiß, von den unwiderstehlichen Leckerbissen aus Schmutz.
Sie kreuzen nicht mehr auf dem geschärften Abhang das falsche Morgenrot, gepflastert mit Himmelsfossilien und Säcken voll Tränen,
Wo sich die Liebe verhängnisvoll in Schlamm verwandelte und die Hoffnung in Bürde.
Kopf eines blutenden Lammes, hatte das Herz all seine Wolle verloren
Und von Grauen zu Grauen die Schönheit erreicht, die im Volk wächst, die mit den schuldlosen Uhren.
Sie zögerte in die Schlingen des Wurfnetzes emporzusteigen das Blei, unerklärlich verliebt ins Gewahrwerden seiner Beute.

Vision, die dem Toren in Ketten den Abweg wies, Schmähungen stimmt sie an, um ihr unerträgliches Wachstum zu schützen,
Die Faulige, der Azur, die Blutrünstige mit zerbissenen Hüften, die Bremsen fest in der Hand.
Wir weihen einen fleischfressenden Busch dem Schmuck ihrer berauschenden Winzigkeit.
Jedem seine Wärme, die Sonne für alle, die abgenutzte, ihr Unsauberen.
Aufrecht steht die Kohlenglut, wenn die Schnecken sich an die Flammen kleben,
Haß, wir zerspalten dir den Felsen, eh wir auf die Knie sinken.

Ihr meine Hingestreckten, die ihr das betörende Blut auf Höhen geführt habt, wo sich die Bitternis kaum noch zeigt,
Rasch werdet ihr im Schreine eurer Gesetze den heißen Platz wiederherrichten, den wir einen Augenblick lang besetzten.

Mieux
Vous nous frapperez d'interdiction vous maltraiterez nos figures amovibles
Est-ce exact l'oasis commence à briller par delà la décollation de la mer végétante guenille théâtrale
Notre langue commune dans l'éternité sous le toit gardien de nos luttes c'est le sommeil cet espéranto de raison
Nous ne tolérons pas d'être interrompus par la laideur comédienne d'une voix
Nous ne nous avouons pas vaincu quand dans l'homme debout le mal surnage et le bien coule à pic.

DÉPENDANCE DE L'ADIEU

À ton tour d'entrer en éruption
Tablier du forgeron ciel charnel de ma sombre enfance

Tandis que vous glissez sur la pente du ventre
Pour mieux vous perdre dans la gerbe
Yeux vous êtes les éclaireurs médiums du néant
Grandeur en sommeil sur la plaie ouverte

Peau, il a fallu fouiller votre riche sous-sol
Sans briser ton corps immigrant ô pesanteur ô favorite
Sociables communicants
Nous sommes entrés dans l'écart
Limon secouru nuit guérie

Apprenti de la combustion
Sens palpiter l'oubli nouveau baisé

Mehr noch:
Ihr werdet uns mit Verboten schlagen und unsre vertauschbaren Sinnbilder mißhandeln.
Ist es denn wahr, jenseits der Enthauptung des Meers, dieses wuchernden theatralischen Plunders, beginnt die Oase zu leuchten.
Unsere gemeinsame Sprache, ewig unter dem Schutzdach unserer Kämpfe, das ist der Schlaf, dies Vernunft-Esperanto.
Wir lassen uns nicht unterbrechen von der possenhaften Häßlichkeit einer Stimme.
Wir erklären uns nicht besiegt, wenn im aufrechten Menschen das Schlechte oben schwimmt und das Gute jäh versinkt.

IM BEREICH DES ABSCHIEDS

An dir nun die Reihe zur Eruption,
Schurz des Schmiedes, Fleischhimmel meiner finsteren Kindheit.

Während ihr ausgleitet auf dem Abhang des Bauchs,
Um leichter in der Garbe euch zu verlieren,
Augen, seid ihr Kundschafter, Medien des Nichts,
Größe im Schlaf auf der offenen Wunde.

Haut, man hat dich tief unterwühlen müssen,
Ohne deinen andringenden Körper zu sprengen, Schwerkraft, Geliebte!
Gesellig in gleicher Bindung
Traten wir an den Scheideweg:
Geretteter Schlamm, heile Nacht.

Lehrling der Verbrennung,
Fühle, wie das neue Vergessen zuckt nach dem Kuß.

(Fileront quelques hautes berges de sang fossile
Pour dominer nos jeunes mœurs)

Patiente et tendre équilibrée
Biens des peuples silencieux
Poussière tu m'émeus aux larmes.

LE TIREUR D'OUBLIES

N'espérez pas rattacher l'infidèle
Aimez sa vue de chatte derrière sa voix lointaine
Ses toilettes ouvertes son impudeur rayonnante
Noyau tendre que la boue presse sous la rafale des trou-
peaux

D'un désert de primeurs et d'artères
Elle commande aux sans racine
De se peindre
Pour s'alourdir
Elle souhaite et appréhende le risque en se berçant de
troubler sa mémoire
Elle voit maigrir les oiseaux inquiets

Nous nageons vers l'écueil en forme de paupière

Les coteaux s'attiraient
Aux tuiles de la nuit les chauve-souris détachaient leur
dentelle
L'obscur geôlier de mon sang a grelotté
Le ciel s'est déplié
L'ovale de la clairière était doux
Nos dents ont couvert la voix des cloches
Jusqu'à la craie.

(Hinziehn werden sich noch ein paar hohe Ufer vorweltlichen
Blutes,
Um unsere jungen Bräuche zu überragen.)

Geduldig und zart, endlich im Gleichgewicht,
– Reichtum schweigender Völker –
Staub, du rührst mich zu Tränen.

DER GLÜCKSRAD-SPIELER

Hofft nicht, die Ungetreue wieder zu binden.
Liebt ihren Katzenblick hinter ihrer fernen Stimme,
Ihre offenen Kleider, ihre strahlende Schamlosigkeit,
Zarter Kern, den der Schlamm unter die Böe der Herden
drückt.

Aus einer Wüste von Geäder und Frühobst
Befiehlt sie den Wurzellosen,
Sich zu malen,
Um schwerer zu werden.
Sie wünscht und fürchtet das Wagnis, hin- und hergewiegt
ihre Erinnrung zu trüben.
Abmagern sieht sie die ruhelosen Vögel.

Wir schwimmen der Klippe zu, die dem Augenlid gleicht.

Die Hügel lockten einander.
Die Fledermäuse lösten auf den Ziegeln der Nacht ihre
Spitzenbahn.
Der finstere Kerkermeister meines Blutes hat vor Kälte
gezittert.
Der Himmel hat sich entfaltet.
Das Oval der Lichtung war voller Süße.
Unsre Zähne haben die Stimme der Glocken bedeckt
Bis zur Kreide.

UNE ITALIENNE DE COROT

Sur le ruisseau à la crue grise
Une portière garance s'est soulevée
Ma chair reste au bord du sillon

À moissonner des tiges on se plie on raisonne l'ignoré
La percale me boit et le drap me prolonge
Contre les lèvres du vallon je languis

Lorsqu'ils s'entourent de distances qui découragent
Je tends la vigueur de mes bras à l'écume des moribonds
J'applique ma loi blanche à leur front
Je suis à qui m'assaille je cède au poids furieux
L'air de mes longues veines est inépuisable

Je m'écarte de l'odeur des bergers
De mon toit je distingue la rue ses pavés qui ricanent

Une haie d'érables se rabat chez un peintre qui l'ébranche
sur la paix de sa toile
C'est un familier des fermes pauvres
Affable et chagrin comme un scarabée.

COURBET: LES CASSEURS DE CAILLOUX

Sable paille ont la vie douce le vin ne s'y brise pas
Du colombier ils récoltent les plumes
De la goulotte ils ont la langue avide
Ils retardent l'orteil des filles
Dont ils percent les chrysalides

ITALIENERIN VON COROT

Über dem Bach mit dem grauen Hochwasser
Hat sich ein krapproter Vorhang gehoben,
Mein Fleisch bleibt am Rande der Furche.

Um Halme zu ernten, bückt man sich, man durchdenkt, was
man nicht weiß.
Mich trinkt der Perkal und der Wollstoff dehnt mich.
Ich schmachte an den Lippen des Tals.

Während sie sich mit Abstand umgeben, der mutlos macht,
Spanne ich die Kraft meiner Arme zum Geifer der Sterbenden
hin,
Ich hefte mein weißes Gesetz an ihre Stirne,
Ich gehöre dem, der mich überfällt, ich gebe seiner rasenden
Schwere nach,
Die Luft meiner langen Adern ist unerschöpflich.

Vom Geruch der Schäfer halt ich mich fern.
Von meinem Dache seh ich die Straße, ihr grinsendes
Pflaster.

Ein Ahorndickicht läßt sich nieder bei einem Maler,
ders auf dem Frieden seiner Leinwand entästet,
Er ist ein Vertrauter der armen Bauernhöfe,
Leutselig und grämlich wie ein Skarabäus.

COURBET: DIE STEINKLOPFER

Sand, Stroh haben ein sanftes Leben, der Wein bricht sich an
ihnen nicht,
Vom Taubenschlag ernten sie die Federn,
Vom Flaschenhals haben sie die gierige Zunge,
Sie halten die Zehen der Mädchen auf,
Deren Schmetterlingspuppen sie durchbohren:

Le sang bien souffert tombe dans l'anecdote de leur légèreté

Nous dévorons la peste du feu gris dans la rocaille
Quand on intrigue à la commune
C'est encore sur les chemins ruinés qu'on est le mieux
Là les tomates des vergers l'air nous les porte au crépuscule
Avec l'oubli de la méchanceté prochaine de nos femmes
Et l'aigreur de la soif tassée aux genoux

Fils cette nuit nos travaux de poussière
Seront visibles dans le ciel
Déjà l'huile du plomb ressuscite.

Das wohlgelittene Blut fällt in die Anekdote ihrer Leichtigkeit.

Wir verzehren die Pest des grauen Feuers im Steinhaufen.
Wenn man Intrigen schmiedet in der Gemeinde,
Ist es auf den zerstörten Wegen noch immer am besten:
Dort die Tomaten in den Gärten trägt der Wind in der Dämmrung herüber zu uns,
Und wir vergessen die nahe Bosheit unserer Frauen
Und die Bitterkeit des Durstes in unseren Knien.

Sohn, in dieser Nacht wird unsre staubige Arbeit
Am Himmel sichtbar.
Schon erwacht wieder unser bleiernes Öl.

Deutsch von Johannes Hübner und Lothar Klünner

ES BLEIBEN ABER

Seuls demeurent (1938–1944)

L'AVANT-MONDE

ARGUMENT

1938

L'homme fuit l'asphyxie.
L'homme dont l'appétit hors de l'imagination se calfeutre sans finir de s'approvisionner, se délivrera par les mains, rivières soudainement grossies.
L'homme qui s'épointe dans la prémonition, qui déboise son silence intérieur et le répartit en théâtres, ce second c'est le faiseur de pain.
Aux uns la prison et la mort. Aux autres la transhumance du Verbe.
Déborder l'économie de la création, agrandir le sang des gestes, devoir de toute lumière.
Nous tenons l'anneau où sont enchaînés côte à côte, d'une part le rossignol diabolique, d'autre part la clé angélique.
Sur les arêtes de notre amertume, l'aurore de la conscience s'avance et dépose son limon.
Aoûtement. Une dimension franchit le fruit de l'autre. Dimensions adversaires. Déporté de l'attelage et des noces, je bats le fer des fermoirs invisibles.

CONGÉ AU VENT

À flancs de coteau du village bivouaquent des champs fournis de mimosas. À l'époque de la cueillette, il arrive que, loin de leur endroit, on fasse la rencontre extrêmement odorante d'une fille dont les bras se sont occupés durant la journée aux fragiles branches. Pareille à une lampe dont l'auréole de clarté serait de parfum, elle s'en va, le dos tourné au soleil couchant.
Il serait sacrilège de lui adresser la parole.
L'espadrille foulant l'herbe, cédez-lui le pas du chemin. Peut-être aurez-vous la chance de distinguer sur ses lèvres la chimère de l'humidité de la Nuit?

DIE VORAUS-WELT

ARGUMENT

1938

Der Mensch flieht das Ersticken.
Der Mensch, dessen Begier außerhalb der Phantasie sich verschanzt und endlos Proviant häuft, wird sich befrein mit den Händen, jäh gestiegenen Flüssen.
Der Mensch, der in der Vorahnung sich verbraucht, der sein inneres Schweigen abholzt und es vor aller Augen verteilt, dieser zweite ist's, der das Brot macht.
Den einen Gefängnis und Tod. Den andern die wandernden Herden des Worts.
Die Ökonomie der Schöpfung überflügeln, das Blut der Gebärden vergrößern, Pflicht allen Lichtes.
Wir halten den Ring, an den gekettet sind, Seite an Seite, hier die teuflische Nachtigall, dort der Engelsschlüssel.
Auf den Graten unserer Bitternis schreitet das Morgenrot des Bewußtseins vor und lagert seinen Schlamm ab.
Reifwerden. Eine Dimension überspringt die Frucht der andern. Feindliche Dimensionen. Verbannt aus Gespann und Hochzeit, schmied ich das Eisen der unsichtbaren Schließen.

URLAUB DEM WIND

An den Hügelhängen des Dorfes biwakieren Felder voller Mimosen. Zur Zeit, in der man sie pflückt, kann es geschehen, daß man, weit ab von ihnen, eine unendlich duftende Begegnung mit einem Mädchen hat, dessen Arme sich den Tag über mit den zerbrechlichen Zweigen beschäftigt haben. Einer Lampe gleich, deren Strahlenkranz wie ein Wohlgeruch ist, geht sie fort, den Rücken zur sinkenden Sonne gekehrt.
Es wäre ein Frevel, das Wort an sie zu richten.
Dem Fuß, der das Gras niedertritt, laßt ihm den Weg frei. Ihr werdet vielleicht das Glück haben, auf ihren Lippen die Chimäre der Nachtfeuchte zu entdecken.

LA COMPAGNE DU VANNIER

Je t'aimais. J'aimais ton visage de source raviné par l'orage et le chiffre de ton domaine enserrant mon baiser. Certains se confient à une imagination toute ronde. Aller me suffit. J'ai rapporté du désespoir un panier si petit, mon amour, qu'on a pu le tresser en osier.

ALLÉGEMENT

»J'errais dans l'or du vent, déclinant le refuge des villages où m'avaient connu des crève-cœur extrêmes. Du torrent épars de la vie arrêtée j'avais extrait la signification loyale d'Irène. La beauté déferlait de sa gaine fantasque, donnait des roses aux fontaines.«
La neige le surprit. Il se pencha sur le visage anéanti, en but à longs traits la superstition. Puis il s'éloigna, porté par la persévérance de cette houle, de cette laine.

ÉLÉMENTS

Au souvenir de Roger Bonon,
tué en mai 1940 (mer du Nord)

Cette femme à l'écart de l'affluence de la rue tenait son enfant dans ses bras comme un volcan à demi consumé tient son cratère. Les mots qu'elle lui confiait parcouraient lentement sa tête avant de trouer la léthargie de sa bouche. Il émanait de ces deux êtres, dont l'un ne pesait guère moins que la coque d'une étoile, un épuisement obscur qui bientôt ne se raidirait plus et glisserait dans la dissolution, cette terminaison précoce des misérables.
Au ras du sol la nuit entrait légère dans leur chair qui

DIE GEFÄHRTIN DES KORBMACHERS

Ich liebte dich. Ich liebte dein Quellengesicht, das die Gewitter verheerten, und die Rune deines Bereichs, die meinen Kuß umklammert. Manche bauen auf eine gänzlich abgerundete Vorstellung. Mir genügt es zu gehen. Ich brachte aus der Verzweiflung einen so winzigen Korb mit, Geliebte, daß man ihn flechten konnte aus Weidenruten.

ERLEICHTERUNG

»Ich irrte im Gold des Windes umher, mied die Zuflucht der Dörfer, wo äußerstes Herzeleid mir vertraut war. Aus dem zerteilten Wildbach des zum Stillstand gekommenen Lebens hatte ich den lauteren Sinn der Irene herausgefiltert. Die Schönheit brandete aus ihrer seltsamen Hülle, gab den Springbrunnen Rosen.«
Der Schnee überraschte ihn. Er neigte sich über das vernichtete Antlitz, trank mit langen Zügen daraus den Aberglauben. Dann entfernte er sich, getragen von der Beharrlichkeit dieser Schlagwelle, dieser Wolle.

ELEMENTE

Zur Erinnerung an Roger Bonon,
gefallen im Mai 1940 (Nordsee)

Diese Frau, abseits vom Zustrom der Straße, hielt in den Armen ihr Kind, wie ein halberloschener Vulkan seinen Krater hält. Die Worte, die sie ihm anvertraute, gingen langsam durch ihren Kopf, eh sie die Lethargie ihres Mundes durchstießen. Ausging von diesen beiden Wesen, von denen das eine nicht einmal so viel wie die Schale eines Sternes wog, eine dunkle Erschöpfung, die sich bald nicht mehr sträuben würde und in die Auflösung gleiten, dies vorzeitige Ende der Elenden.
In Bodenhöhe trat die Nacht leicht in das Fleisch der beiden,

titubait. À leurs yeux les mondes avaient cessé de s'affronter, s'ils l'avaient jamais fait.
Dans cette femme encore jeune un homme devait avoir racine, mais il demeurait invisible comme si l'horreur, à bout de forces, s'en était tenue là.
L'entrain égoïste, congé des idiots et des tyrans, qui flâne toujours dans les mêmes parties éclairées de son quartier est apostume; la vulnérabilité qui ose se découvrir nous engage étroitement.
J'entrevois le jour où quelques hommes qui ne se croiront pas généreux et acquittés parce qu'ils auront réussi à chasser l'accablement et la soumission au mal des abords de leurs semblables en même temps qu'ils auront atteint et maîtrisé les puissances de chantage qui de toutes parts les bravaient, j'entrevois le jour où quelques hommes entreprendront sans ruse le voyage de l'énergie de l'univers. Et comme la fragilité et l'inquiétude s'alimentent de poésie, au retour il sera demandé à ces hauts voyageurs de vouloir bien se souvenir.

LÉONIDES

Es-tu ma femme? Ma femme faite pour atteindre la rencontre du présent? L'hypnose du phénix convoite ta jeunesse. La pierre des heures l'investit de son lierre.

Es-tu ma femme? L'an du vent où guerroie un vieux nuage donne naissance à la rose, à la rose de violence.
Ma femme faite pour atteindre la rencontre du présent.

Le combat s'éloigne et nous laisse un cœur d'abeille sur nos terres, l'ombre éveillée, le pain naïf. La veillée file lentement vers l'immunité de la Fête.

Ma femme faite pour atteindre la rencontre du présent.

das taumelte. In ihren Augen hatten die Welten aufgehört, sich zu trotzen, wenn sie es je getan.
In dieser noch jungen Frau mußte ein Mann wurzeln, doch er blieb unsichtbar, als wäre das Entsetzen, am Ende der Kräfte, dort nicht weitergegangen.
Der egoistische Schwung, Freibrief für Blöde und Tyrannen, der stets in denselben erleuchteten Gegenden seines Viertels streunt, ist offnes Geschwür; die Verwundbarkeit, die es wagt, sich aufzudecken, nimmt uns in engen Dienst.
Ich ahne den Tag, wo einige Männer, die sich nicht für edel und straffrei halten, weil sie mit Erfolg Bedrückung und Unterwerfung unter das Böse verscheuchten vom Ufer der Mitmenschen und zur selben Zeit die Mächte der Erpressung, die sie von allen Seiten anfochten, einholten und meisterten, – ich ahne den Tag, wo einige Männer ohne Falsch die Reise antreten, die alle Energien des Alls umfaßt. Und da sich Zerbrechlichkeit und Unruhe nähren von Poesie, wird man diese hohen Reisenden bei der Rückkehr bitten, sich wohlwollend zu erinnern.

LEONIDEN

Bist du meine Frau? Meine Frau, stark genug, dem Heute zu begegnen? Die Hypnose des Phönix ist lüstern auf deine Jugend. Der Stein der Stunden hat sie mit seinem Efeu bekleidet.

Bist du meine Frau? Das Windjahr, da eine alte Wolke zu Feld zieht, schenkt der Rose Geburt, der Rose des Ungestüms.
Meine Frau, stark genug, dem Heute zu begegnen.

Das Gefecht entfernt sich und läßt uns ein Bienenherz auf unseren Feldern, den erwachten Schatten, das naive Brot. Langsam rinnt der Abend zur Unantastbarkeit der FEIER.

Meine Frau, stark genug, dem Heute zu begegnen.

FENAISON

O nuit, je n'ai rapporté de ta félicité que l'apparence parfumée d'ellipses d'oiseaux insaisissables! Rien n'imposait le mouvement que ta main de pollen qui fondait sur mon front aux moulinets d'une lampe d'anémone. Aux approches du désir les meules bleu de ciel s'étaient l'une après l'autre soulevées, car mort là-bas était le Faneur, vieillard masqué, acteur félon, chimiste du maudit voyage.

Je m'appuie un moment sur la pelle du déluge et chantourne sa langue. Mes sueurs d'agneau noir provoquent le sarcasme. Ma nausée se grossit de soudains consentements dont je n'arrive pas à maintenir le cours. Anneau tard venu, enclavé dans la chevalerie pythienne saturée de feu et de vieillesse, quel compagnon engagerais-je? Je prends place inaperçu sur le tirant de l'étrave jusqu'à la date fleurie où rougeoira ma cendre.

O nuit, je n'ai pu traduire en galaxie son Apparition que j'épousai étroitement dans les temps purs de la fugue! Cette Sœur immédiate tournait le cœur du jour.

Salut à celui qui marche en sûreté à mes côtés, au terme du poème. Il passera demain DEBOUT *sous le vent.*

LE DEVOIR

L'enfant que, la nuit venue, l'hiver descendait avec précaution de la charrette de la lune, une fois à l'intérieur de la maison balsamique, plongeait d'un seul trait ses yeux dans le foyer de fonte rouge. Derrière l'étroit vitrail incendié l'espace ardent le tenait entièrement captif. Le buste incliné vers la chaleur, ses jeunes mains scellées à l'envolée

HEUERNTE

O Nacht, von deinem Glück hab ich nur das duftende Bild der Ellipsen ungreifbarer Vögel bewahrt! Nichts, was Bewegung brachte, nur deine Blütenstaubhand, die auf meiner Stirn zu Kreisen einer Anemonenlampe zerschmolz. Als das Verlangen nahte, hatten die Schober sich himmelblau aufgerichtet, einer nach dem andern, denn tot lag fernab der Heuer, maskierter Greis, treuloser Schauspieler, Chemiker der verfluchten Reise.

Ich stütze mich einen Augenblick auf die Schaufel der Sintflut und schneide ihre Zunge aus. Mein Schweiß, Schweiß eines schwarzen Lammes, reizt den Sarkasmus. Mein Ekel wächst durch rasche Zustimmungen, deren Richtung zu halten mir nicht gelingt. Spät gekommener Ring, inmitten pythischer Ritterschaft, gesättigt mit Feuer und Alter, welchen Gefährten möchte ich mir verpflichten? Unbemerkt nehme ich Platz über dem Tiefgang des Bugs, bis das Datum aufblüht, da meine Asche sich rötet.

O Nacht, in die Milchstraße konnte ich ihre Erscheinung nicht übertragen, der ich eng mich verband in den reinen Zeiten der Fuge! Diese unmittelbare Schwester wandte das Herz des Tages.

Ich grüße den, der in Sicherheit neben mir schreitet, am Schluß des Gedichts. Morgen geht er AUFRECHT unter dem Wind hin.

DIE PFLICHT

Das Kind, das im Winter, als die Nacht gekommen war, vorsichtig vom Mondwagen abstieg, tauchte, einmal im Innern des balsamischen Hauses, seine Augen sofort in den roten Schmelzherd. Hinter dem schmalen, entflammten Fenster hielt es der brennende Raum vollkommen gefangen. Die Brust zur Glut hin geneigt, die jungen Hände dem Flattern

de feuilles sèches du bien-être, l'enfant épelait la rêverie du ciel glacé:
»Bouche, ma confidente, que vois-tu?
– Cigale, je vois un pauvre champignon au cœur de pierre, en amitié avec la mort. Son venin est si vieux que tu peux le tourner en chanson.
– Maîtresse, où vont mes lignes?
– Belle, ta place est marquée sur le banc du parc où le cœur a sa couronne.
– Suis-je le présent de l'amour?«
Dans la constellation des Pléiades, au vent d'un fleuve adolescent, l'impatient Minotaure s'éveillait.

LE BOUGE DE L'HISTORIEN

La pyramide des martyrs obsède la terre.

Onze hivers tu auras renoncé au quantième de l'espérance, à la respiration de ton fer rouge, en d'atroces performances psychiques. Comète tuée net, tu auras barré sanglant la nuit de ton époque. Interdiction de croire tienne cette page d'où tu prenais élan pour te soustraire à la géante torpeur d'épine du Monstre, à son contentieux de massacreurs.
Miroir de la murène! Miroir du vomito! Purin d'un feu plat tendu par l'ennemi!
Dure, afin de pouvoir encore mieux aimer un jour ce que tes mains d'autrefois n'avaient fait qu'effleurer sous l'olivier trop jeune.

LE VISAGE NUPTIAL

À présent disparais, mon escorte, debout dans la distance;
La douceur du nombre vient de se détruire.

des welken Laubs der Behaglichkeit verschlossen, buchstabierte das Kind die Träumerei des gefrorenen Himmels:
»Lippe, meine Vertraute, was siehst du?«
»Grille, ich seh einen armen Pilz mit steinernem Herzen, dem Tode befreundet. Sein Gift ist so alt, daß du es zum Lied wenden kannst.«
»Herrin, wo gehn meine Wege?«
»Schöne, dir ist dein Platz auf der Bank im Park bestimmt, wo das Herz seine Krone hat.«
»Bin ich die Gegenwart der Liebe?«
Im Sternbild der Plejaden, im Wind eines jungen Flusses, erwachte der ungeduldige Minotaurus.

DIE RUMPELKAMMER DES HISTORIKERS

Die Pyramide der Märtyrer lastet auf der Erde.

Elf Winter lang wirst du dem Datum der Hoffnung entsagt haben, dem Atem deines glühenden Eisens, in grausamen seelischen Leistungen. Komet, mit einem Schlage getötet, blutig wirst du die Nacht deines Zeitalters durchgestrichen haben. Verboten, diese Buchseite für die deine zu halten, von der du den Anlauf nahmst, dich der riesigen Dornenstarre des Ungetüms zu entziehn, seinem Massenmörderprozeß.
Spiegel der Muräne! Spiegel des Erbrechens! Jauche eines schalen Feuers, vom Feind gereicht!
Übersteh, um eines Tages noch besser lieben zu können, was deine Hände ehemals kaum berührten unter zu jungem Ölbaum.

DAS BRÄUTLICHE ANTLITZ

Nun löse dich auf, mein Gefolge, aufrecht in der Ferne;
Der Schmelz der Ziffer zerfällt schon.

Congé à vous, mes alliés, mes violents, mes indices.
Tout vous entraîne, tristesse obséquieuse.
J'aime.

L'eau est lourde à un jour de la source.
La parcelle vermeille franchit ses lentes branches à ton front, dimension rassurée.
Et moi semblable à toi,
Avec la paille en fleur au bord du ciel criant ton nom,
J'abats les vestiges,
Atteint, sain de clarté.
Ceinture de vapeur, multitude assouplie, diviseurs de la crainte, touchez ma renaissance.
Parois de ma durée, je renonce à l'assistance de ma largeur vénielle;
Je boise l'expédient du gîte, j'entrave la primeur des survies.
Embrasé de solitude foraine,
J'évoque la nage sur l'ombre de sa Présence.

Le corps désert, hostile à son mélange, hier était revenu parlant noir.
Déclin, ne te ravise pas, tombe ta massue de transes, aigre sommeil.
Le décolleté diminue les ossements de ton exil, de ton escrime;
Tu rends fraîche la servitude qui se dévore le dos;
Risée de la nuit, arrête ce charroi lugubre
De voix vitreuses, de départs lapidés.

Tôt soustrait au flux des lésions inventives
(La pioche de l'aigle lance haut le sang évasé)

Fort mit euch, meine Verbündeten, meine Gewalttäter, meine Beweise.
Alles reißt dich mit fort, unterwürfige Trauer.
Ich liebe.

Schwer ist das Wasser an einem Quellentage.
Der goldrote Splitter hebt sich über sein träges Geäst auf deine Stirn, die gefestigte Dimension.
Und ich, der dir gleicht,
Mit dem blühenden Stroh am Rande des Himmels, der laut deinen Namen ruft,
Ich zerschlage die Spuren,
Getroffen, vor Helle heil.
Gürtel aus Dampf, schmiegsame Vielzahl, Teiler der Furcht, rührt an meine Wiedergeburt.
Wände meines Dauerns, ich verzichte auf den Beistand meiner läßlichen Weitherzigkeit;
Vor die Ausflucht, sicher zu wohnen, setz ich Gehölz, ich feßle die Erstlinge jedes künftigen Lebens.
Von heimatloser Einsamkeit durchglüht,
Beschwör ich die Lust, auf dem Schatten ihrer Nähe zu schwimmen.

Der verlassene Körper ist gestern wiedergekehrt, finster redend und seiner Vermischung feind.
Bleibe, Niedergang, deinem Wesen treu, schlag zu mit deiner Keule aus Todesängsten, bitterer Schlaf.
Die Entblößung mindert das Gebein deiner Verbannung, deiner Fechtkunst;
Du erneuerst die Knechtschaft, die sich den Rücken zerfleischt;
Hohngelächter der Nacht, halte dies Trauergespann
Glasiger Stimmen, gesteinigter Abschiede auf.

Früh entronnen der Flut erfindungsreicher Verletzungen
(Die Hacke des Adlers schleudert weit offenes Blut empor),

Sur un destin présent j'ai mené mes franchises
Vers l'azur multivalve, la granitique dissidence.

O voûte d'effusion sur la couronne de son ventre,
Murmure de dot noire!
O mouvement tari de sa diction!
Nativité, guidez les insoumis, qu'ils découvrent leur base,
L'amande croyable au lendemain neuf.
Le soir a fermé sa plaie de corsaire où voyageaient les fusées vagues parmi la peur soutenue des chiens.
Au passé les micas du deuil sur ton visage.
Vitre inextinguible: mon souffle affleurait déjà l'amitié de ta blessure,
Armait ta royauté inapparente.
Et des lèvres du brouillard descendit notre plaisir au seuil de dune, au toit d'acier.
La conscience augmentait l'appareil frémissant de ta permanence;
La simplicité fidèle s'étendit partout.

Timbre de la devise matinale, morte-saison de l'étoile précoce,
Je cours au terme de mon cintre, colisée fossoyé.
Assez baisé le crin nubile des céréales:
La cardeuse, l'opiniâtre, nos confins la soumettent.
Assez maudit le havre des simulacres nuptiaux:
Je touche le fond d'un retour compact.

Ruisseaux, neume des morts anfractueux,
Vous qui suivez le ciel aride,
Mêlez votre acheminement aux orages de qui sut guérir de la désertion,
Donnant contre vos études salubres.

Führte ich meine Vorrechte bei stets gegenwärtigem Schicksal
Dem vielgewölbten Azur, der Abtrünnigkeit aus Granit zu.

O Ergießung, die über der Krone ihres Leibes sich wölbt,
Raunen schwarzer Mitgift!
O erloschne Bewegung ihrer Stimme!
Gestirn der Geburt, leite die Rebellen, daß sie ihren Standort entdecken,
Den glaubhaften Kern für morgen, den neuen Tag.
Der Abend hat seine Korsarenwunde geschlossen, wo die schwanken Raketen zogen unter stetem Zittern der Hunde.
Vergessen sei der Glimmer der Trauer auf deinem Gesicht.
Unauslöschliches Fenster: schon umhauchte mein Atem die Freundschaft zu deiner Verwundung,
Wappnete dein unsichtbares Königtum.
Und von den Lippen des Nebels stieg unsere Freude zur Dünenschwelle, zum Stahldach hinab.
Das Bewußtsein mehrte die bebende Zurüstung deines Beharrens;
Die treue Einfalt griff überall Raum.

Metallklang des Morgenspruches, tote Zeit des frühreifen Sterns,
Ich eile ans Ende meiner Galerie, auf den Rand des grabenumfurchten Kolosseums.
Genug das mannbare Haar des Getreides geküßt:
Die Wollkämmerin, die hartnäckige, wird unseren Grenzen dienstbar gemacht.
Genug den Hafen der Hochzeitstrugbilder verwünscht:
Ich berühre den Grund einer festgefügten Heimkehr.

Bäche, Neume zerklüfteter Toter,
Die ihr dem dürren Himmel folgt,
Vermählt euren Lauf den Gewittern des Mannes, der von Abtrünnigkeit zu genesen wußte
Und gegen eure heilsamen Mühen anrennt.

Au sein du toit le pain suffoque à porter cœur et lueur.
Prends, ma Pensée, la fleur de ma main pénétrable,
Sens s'éveiller l'obscure plantation.

Je ne verrai pas tes flancs, ces essaims de faim, se dessécher, s'emplir de ronces;
Je ne verrai pas l'empuse te succéder dans ta serre;
Je ne verrai pas l'approche des baladins inquiéter le jour renaissant;
Je ne verrai pas la race de notre liberté servilement se suffire.

Chimères, nous sommes montés au plateau.
Le silex frissonnait sous les sarments de l'espace;
La parole, lasse de défoncer, buvait au débarcadère angélique.
Nulle farouche survivance:
L'horizon des routes jusqu'à l'afflux de rosée,
L'intime dénouement de l'irréparable.

Voici le sable mort, voici le corps sauvé:
La Femme respire, l'Homme se tient debout.

PARTAGE FORMEL

Mes sœurs, voici l'eau du sacre
qui pénètre toujours plus étroite au cœur de l'été.

Ce dont le poète souffre le plus dans ses rapports avec le monde, c'est du manque de justice interne. *La vitre-cloaque de Caliban derrière laquelle les yeux tout-puissants et sensibles d'Ariel s'irritent.*

Magicien de l'insécurité, le poète n'a que des satisfactions adoptives. Cendre toujours inachevée.

In der Brust des Daches erstickt das Brot unter der Last von
Herz und Geleucht.
Nimm, mein Gedanke, die Blume aus meiner durchlässigen
Hand,
Fühle, wie die dunkele Pflanzung erwacht.

Niemals werde ich sehn, wie deine Lenden, diese Schwärme
von Hunger, verdorren, mit Dornen sich füllen;
Wie die Empuse dich ablöst in deinem Treibhaus;
Wie der Einzug der Gaukler den erwachenden Tag verstört;
Nie wie die Rasse unserer Freiheit knechtisch sich selber
genügt.

Chimären, wir haben das Hochland erklommen.
Der Kiesel schauderte unter den Reben des Raumes;
Das Wort, der Durchbrüche müde, trank an der Landungs-
brücke der Engel.
Kein wildes Fortleben:
Horizont von Wegen, die enden im strömenden Tau,
Geheime Entknotung des nicht zu Heilenden.

Sieh hier den toten Sand, sieh den geretteten Leib:
Es atmet die Frau, aufrecht hält sich der Mann.

UNANFECHTBARER ANTEIL

> Meine Schwestern, seht hier das Wasser der Weihe,
> das immer näher ans Herz des Sommers dringt.

Worunter der Dichter in seiner Beziehung zur Welt am meisten leidet, ist das Fehlen eines *inneren* Gerichts. Das Kloakenfenster Calibans, hinter dem die allmächtigen und empfindlichen Augen Ariels sich erzürnen.

Als Magier der Unsicherheit hat der Dichter nur Adoptivbefriedigungen. Immer unvollendete Asche.

Le poète doit tenir la balance égale entre le monde physique de la veille et l'aisance redoutable du sommeil, les lignes de la connaissance dans lesquelles il couche le corps subtil du poème, allant indistinctement de l'un à l'autre de ces états différents de la vie.

Je suis le poète, meneur de puits tari que tes lointains, ô mon amour, approvisionnent.

Le poète est l'homme de la stabilité unilatérale.

Le poète ne s'irrite pas de l'extinction hideuse de la mort, mais confiant en son toucher particulier transforme toute chose en laines prolongées.

Le poète en traduisant l'intention en acte inspiré, en convertissant un cycle de fatigues en fret de résurrection, fait entrer l'oasis du froid par tous les pores de la vitre de l'accablement et crée le prisme, hydre de l'effort, du merveilleux, de la rigueur et du déluge, ayant tes lèvres pour sagesse et mon sang pour retable.

Dans le poète deux évidences sont incluses: la première livre d'emblée tout son sens sous la variété des formes dont le réel extérieur dispose; elle est rarement creusante, est seulement pertinente; la seconde se trouve insérée dans le poème, elle dit le commandement et l'exégèse des dieux puissants et fantasques qui habitent le poète, évidence indurée qui ne se flétrit ni ne s'éteint. Son hégémonie est attributive. Prononcée, elle occupe une étendue considérable.

Etre poète, c'est avoir de l'appétit pour un malaise dont la consommation, parmi les tourbillons de la totalité des choses existantes et pressenties, provoque, au moment de se clore, la félicité.

Wahren muß der Dichter das völlige Gleichgewicht zwischen der physischen Welt des Wachseins und der furchtbaren Leichtheit des Schlafes, den Linien der Erkenntnis, in die er den zarten Leib des Gedichtes bettet – und geht dabei zwischen diesen gegensätzlichen Lebenszuständen von einem zum andern, unterschiedslos.

Ich bin der Dichter, Führer zum trockenen Brunnen, den deine Fernen speisen, o meine Liebe.

Der Dichter ist der Mann einseitiger Stabilität.

Der Dichter erzürnt sich nicht über das widrige Erlöschen im Tod, sondern verwandelt, voller Vertrauen auf seinen besonderen Tastsinn, alles in langsträhnige Wolle.

Wenn der Dichter, was ihm vorschwebt, in inspirierte Tat übersetzt, einen Kreislauf von Mühsal umwechselt in eine Fracht Auferstehung, läßt er die Oase der Kälte in alle Poren eindringen, die das Fensterglas der Entmutigung hat, und schafft das Prisma, Hydra von Mühe, Wunderbarem, Strenge und Sintflut, und hat dabei deine Lippen zur Weisheit und zum Altarbild mein Blut.

Der Dichter trägt in sich zwei Arten von Evidenz: die eine gibt sogleich all ihren Sinn preis in der Vielfalt der Formen, die der äußeren Wirklichkeit hörig sind; sie schürft selten tief, sie ist bloß treffend; die andre ist ins Gedicht eingeflossen, sie kündet Gebot und Auslegung der mächtigen, launischen Götter, die den Dichter bewohnen, verhärtete Evidenz, die nicht welkt noch erlischt. Ihre Hegemonie ist ihr Merkmal. Kundgemacht einmal, nimmt sie beträchtlichen Raum ein.

Dichter sein heißt nach Beschwerden gieren, deren Genuß – mitten unter den Wirbeln alles Geahnten und Seienden – im Augenblick, da sie enden, die Freudigkeit ruft.

Inexpugnable sous sa tente de cyprès, le poète, pour se convaincre et se guider, ne doit pas craindre de se servir de toutes les clefs accourues dans sa main. Cependant il ne doit pas confondre une animation de frontières avec un horizon révolutionnaire.

Le poète recommande: »Penchez-vous, penchez-vous davantage.« Il ne sort pas toujours indemne de sa page, mais comme le pauvre il sait tirer parti de l'éternité d'une olive.

Der Dichter, unüberwindlich unter seinem Zypressenzelt, darf sich nicht scheuen, um Klarheit zu finden und um sich zu leiten, die Schlüssel alle zu nützen, die in seine Hand gerieten. Er darf jedoch nicht die Belebung einiger Grenzen mit einem revolutionären Horizont verwechseln.

Der Dichter rät: »Beugt euch, beugt euch noch mehr.« Wohl tritt er nicht immer schadlos aus seiner Buchseite vor, doch wie der Arme, so weiß er auszukosten die Ewigkeit einer Olive.

Deutsch von Paul Celan

HYPNOS. AUFZEICHNUNGEN AUS DEM MAQUIS

Feuillets d'Hypnos (1943–44)

Für Albert Camus

Hypnos ergriff den Winter und kleidete ihn in Granit. Der Winter wurde zu Schlaf, Hypnos zu Feuer. Das Weitere ist Sache der Menschen.

Hypnos saisit l'hiver et le vêtit de granit. L'hiver se fit sommeil et Hypnos devint feu. La suite appartient aux hommes.

Ces notes n'empruntent rien à l'amour de soi, à la nouvelle, à la maxime ou au roman. Un feu d'herbes sèches eût tout aussi bien été leur éditeur. La vue du sang supplicié a fait une fois perdre le fil, a réduit à néant leur importance. Elles furent écrites dans la tension, la colère, la peur, l'émulation, le dégoût, la ruse, le recueillement furtif, l'illusion de l'avenir, l'amitié, l'amour. C'est dire combien elles sont affectées par l'événement. Ensuite plus souvent survolées que relues.

Ce carnet pourrait n'avoir appartenu à personne tant le sens de la vie d'un homme est sous-jacent à ses pérégrinations, et difficilement séparable d'un mimétisme parfois hallucinant. De telles tendances furent néanmoins combattues.

Ces notes marquent la résistance d'un humanisme conscient de ses devoirs, discret sur ses vertus, désirant réserver l'inaccessible champ libre à la fantaisie de ses soleils, et décidé à payer le prix pour cela.

Autant que se peut, enseigne à devenir efficace, pour le but à atteindre mais pas au delà. Au delà est fumée. Où il y a fumée il y a changement.

Ne t'attarde pas à l'ornière des résultats.

L'effort du poète vise à transformer vieux ennemis en loyaux adversaires, tout lendemain fertile étant fonction de la réussite de projet, surtout là où s'élance, s'enlace, décline, est décimée toute la gamme des voiles où le vent des continents rend son cœur au vent des abîmes.

Cette guerre se prolongera au delà des armistices platoniques. L'implantation des concepts politiques se poursuivra contradictoirement, dans les convulsions et sous le couvert d'une hypocrisie sûre de ses droits. Ne souriez pas. Écartez le scepticisme et la résignation et préparez votre âme

Die hier folgenden Notizen machen keinerlei Anleihe bei Eigenliebe, Novelle, Maxime oder Roman. Für ihr Erscheinen hätte ebensogut ein Feuer von dürren Gräsern sorgen können. Einmal, beim Anblick der zu Tode Gefolterten, riß ihr Faden ab, verloren sie jede Bedeutung. Ihre Niederschrift erfolgte in der Angespanntheit, im Zorn, unter Ängsten, im Eifer, im Ekel, inmitten von Listen, heimlicher Sammlung, Zukunftsillusionen, Freundschaft, Liebe. Womit gesagt ist, in welchem Maße die Ereignisse mitsprechen. In der Folge wurden sie häufig überflogen, selten wiedergelesen.

Dieses Heft hätte gut auch niemandes Heft sein können: so tief unterhalb menschlicher Wege und Wanderungen liegt der Sinn eines Menschenlebens verborgen, so schwer läßt er sich von einer zuweilen geradezu haarsträubenden Mimikry unterscheiden. Derartige Tendenzen wurden hier immerhin bekämpft.

Das hier Aufgezeichnete berichtet vom Widerstand eines seiner Pflichten bewußten, in bezug auf die ihm innewohnenden Kräfte Zurückhaltung übenden Humanismus, eines Humanismus, der das *Unbetretbare* als Spielraum freihalten möchte für die Phantasie seiner Sonnen, und der entschlossen ist, den *Preis* dafür zu zahlen.

Lehre sie – nach Möglichkeit – tatkräftig sein um des zu Erreichenden willen, doch nicht darüber hinaus. Darüber hinaus ist Rauch. Und wo Rauch ist, da ist Anderswerden.

Verweile dich nicht in der Wagenspur des Erreichten.

Die Bemühung des Dichters geht dahin, *alte Feinde* in *loyale Gegner* zu verwandeln; denn jedes fruchtbare Morgen ist von gelingendem Entwerfen bedingt, zumal dort, wo alles Segelwerk emporwill, sich verflicht, niedergeht und dezimiert wird – all die Segel, in denen der Wind der Kontinente ein Herz dem Wind der Abgründe zurückgibt.

Dieser Krieg wird über alle platonischen Waffenstillstände hinaus fortdauern. Die Implantation der politischen Begriffe wird weitergehen, kontradiktorisch, inmitten von Konvulsionen und unter dem Deckmantel einer ihrer Rechte sicheren Scheinheiligkeit. Man lächle nicht. Sondern tue alle Skepsis und Resignation ab und bereite seine sterbliche Seele darauf

mortelle en vue d'affronter intra-muros des démons glacés analogues aux génies microbiens.

Des êtres raisonnables perdent jusqu'à la notion de la durée probable de leur vie et leur équilibre quotidien lorsque l'instinct de conservation s'effondre en eux sous les exigences de l'instinct de propriété. Ils deviennent hostiles aux frissons de l'atmosphère et se soumettent sans retenue aux instances du mensonge et du mal. C'est sous une chute de grêle maléfique que s'effrite leur misérable condition.

Je puis aisément me convaincre, après deux essais concluants, que le voleur qui s'est glissé à notre insu parmi nous est irrécupérable. Souteneur (il s'en vante), d'une méchanceté de vermine, flancheur devant l'ennemi, s'ébrouant dans le compte rendu de l'horreur comme porc dans la fange, rien à espérer, sinons les ennuis les plus graves, de la part de cet affranchi. Susceptible en outre d'introduire un vilain fluide ici. Je ferai la chose moi-même.

AUX PRUDENTS: *Il neige sur le maquis et c'est contre nous chasse perpétuelle. Vous dont la maison ne pleure pas, chez qui l'avarice écrase l'amour, dans la succession des journées chaudes, votre feu n'est qu'un garde-malade. Trop tard. Votre cancer a parlé. Le pays natal n'a plus de pouvoirs.*

Révolution et contre-révolution se masquent pour à nouveau s'affronter.
Franchise de courte durée! Au combat des aigles succède le combat des pieuvres. Le génie de l'homme, qui pense avoir découvert les vérités formelles, accommode les vérités qui tuent en vérités qui autorisent *à tuer. Parade des grands*

vor, es intra muros mit Dämonen aufzunehmen, kalt und Mikroben gleich.

Es gibt vernunftbegabte Wesen, die, wenn ihr Selbsterhaltungstrieb unter den Anforderungen des Besitztriebes zusammenbricht, jegliche Vorstellung von der voraussichtlichen Dauer ihres Lebens verlieren und ihr tägliches Gleichgewicht dazu. Sie werden zu Menschen, die jedem Lufthauch mit Feindseligkeit begegnen und sich, wenn die Lüge und das Böse an sie herantreten, ohne Bedenken unterwerfen. Unter unseligen Hagelschauern bröckelt ihr elendes Dasein hinweg.

Ich habe mich, nach zwei schlüssigen Proben, ohne weiteres davon überzeugen können, daß der Dieb, der sich bei uns eingeschlichen hat, zu den Unverbesserlichen gehört.
Brüstet sich damit, Zuhälter zu sein; ist ein Ausbund von Bosheit; drückt sich vor dem Feind; sielt sich in den Einzelheiten des Entsetzlichen wie ein Schwein im Schlamm – von diesem Kerl, der keinerlei Skrupel kennt, ist nur Ärger zu erwarten, und zwar der schlimmste. Überdies imstande, ein übles Fluidum zu verbreiten.
Ich besorge es selbst.

DEN VORSICHTIGEN: Es fällt Schnee im Maquis, und es wird Jagd gemacht auf uns, unausgesetzt. Ihr in euren tränenlosen Häusern, mit eurem alle Liebe erstickenden Geiz darin, eurem warmen Tagaus-und-Tagein: euer Feuer ist ein Krankenwärter, sonst nichts. Zu spät. Der Krebs in euch hat gesprochen. Die Heimat hat keinerlei Macht mehr.

Revolution und Gegenrevolution, die sich tarnen, ehe sie erneut aufeinander losgehen.
Kurzlebige Offenheit! Der Kampf der Adler, dem der Kampf der Kraken folgt. Das menschliche Ingenium, das verbindliche Wahrheiten entdeckt zu haben meint, münzt Wahrheiten, die töten, in Wahrheiten um, die zum Töten *ermächtigen.* Parade

inspirés à rebours sur le front de l'univers cuirassé et pantelant! Cependant que les névroses collectives s'accusent dans l'œil des mythes et des symboles, l'homme psychique met la vie au supplice sans qu'il paraisse lui en coûter le moindre remords. La fleur tracée, *la fleur hideuse, tourne ses pétales noirs dans la chair folle du soleil. Où êtes-vous source? Où êtes-vous remède? Économie vas-tu enfin changer?*

Nous sommes écartelés entre l'avidité de connaître et le désespoir d'avoir connu. L'aiguillon ne renonce pas à sa cuisson et nous à notre espoir.

Je n'ai pas peur. J'ai seulement le vertige. Il me faut réduire la distance entre l'ennemi et moi. L'affronter horizontalement.

Ce qui peut séduire dans le néant éternel c'est que le plus beau jour y soit indifféremment celui-ci ou tel autre.
(Coupons cette branche. Aucun essaim ne viendra s'y pendre.)

N'étant jamais définitivement modelé, l'homme est receleur de son contraire. Ses cycles dessinent des orbes différents selon qu'il est en butte à telle sollicitation ou non. Et les dépressions mystérieuses, les inspirations absurdes, surgies du grand externat crématoire, comment se contraindre à les ignorer? Ah! circuler généreusement sur les saisons de l'écorce, tandis que l'amande palpite, libre . . .

Parole, orage, glace et sang finiront par former un givre commun.

der großen Fehl-Inspirierten auf der Stirnseite des geharnischten und nach Atem ringenden Universums! Während im Aug der Mythen und Symbole die Kollektiv-Neurosen deutlich werden, spannt der psychische Mensch das Leben auf die Folter, und es hat den Anschein, als kostete ihn das auch nicht den leisesten Gewissensbiß. Die *vorgezeichnete*, die abscheuliche Blume quirlt mit ihren schwarzen Blütenblättern im irren Fleisch der Sonne. Wo bist du, Quelle? Wo bist du, Heilmittel? Willst du endlich anders werden, Ökonomie?

Wir werden hin- und hergerissen zwischen dem Drang zu erkennen und der Verzweiflung, erkannt zu haben. Der Stachel bleibt bei seinem Brennen, wir bleiben bei unserem Hoffen.

Ich habe keine Angst. Nur Schwindelgefühl. Ich muß die Entfernung zwischen dem Feind und mir verringern. Ihn *horizontal* angehen.

Was am ewigen Nichts verlocken kann, ist dies: daß der schönste Tag dort unterschiedslos dieser oder irgendein anderer sein kann.
(Kappen wir diesen Ast. Es wird keinerlei Schwarm kommen und sich an ihn hängen.)

Der Mensch birgt, da er niemals völlig ausgeformt ist, sein Widerspiel in sich. Seine Umläufe erfolgen, je nachdem er dieser oder jener Anziehung ausgesetzt ist, auf jeweils anderer Bahn. Die aus dem großen Außen-Krematorium hervorgetretenen rätselhaften Depressionen und ungereimten Eingebungen – wie sich da Zwang antun und über sie hinwegsehen? Ach, sich über die Fruchtschale hinbewegen, die Runde machen mit ihren Jahreszeiten, während im Innern die Mandel pocht, frei . . .

Worte, Gewitter, Eis und Blut: sie werden schließlich einen Rauhreif bilden, gemeinsam.

»Que fera-t-on de nous, après?« *C'est la question qui préoccupe Minot dont les dix-sept ans ajoutent: »Moi, je redeviendrai peut-être le mauvais sujet que j'étais à quinze ans ...« Cet enfant trop uniment porté par l'exemple de ses camarades, dont la bonne volonté est trop impersonnellement identique à la leur, ne se penche jamais sur lui-même. Actuellement c'est ce qui le sauve. Je crains* qu'après *il ne retourne à ses charmants lézards dont l'insouci est guetté par les chats ...*

LS*, *je vous remercie pour l'homodépôt Durance 12. Il entre en fonction dès cette nuit. Vous veillerez à ce que la jeune équipe affectée au terrain ne se laisse pas entraîner à apparaître trop souvent dans les rues de Duranceville. Filles et cafés dangereux plus d'une minute. Cependant ne tirez pas trop sur la bride. Je ne veux pas de mouchard dans l'équipe. Hors du réseau, qu'on ne communique pas. Stoppez vantardise. Vérifiez à deux sources corps renseignements. Tenez compte cinquante pour cent romanesque dans la plupart des cas. Apprenez à vos hommes à prêter attention, à rendre compte exactement, à savoir poser l'arithmétique des situations. Rassemblez les rumeurs et faites synthèse. Point de chute et boîte à lettres chez l'ami des blés. Éventualité opération Waffen, camp des étrangers, les Mées, avec débordement sur Juifs et Résistance. Républicains espagnols très en danger. Urgent que vous les préveniez. Quant à vous, évitez le combat. Homodépôt sacré. Si alerte, dispersez-vous. Sauf pour délivrer camarade capturé, ne donnez jamais à l'ennemi signe d'existence. Interceptez suspects. Je fais confiance à votre discernement. Le camp ne sera jamais montré. Il n'existe pas de camp, mais des charbonnières qui ne fument pas. Aucun*

* *Léon Saingermain*

»Was sie wohl mit uns anfangen werden, *nachher?*« Das ist die Frage, die Minot beschäftigt und zu der seine siebzehn Jahre dann hinzusetzen: »Ich – ich werde vielleicht wieder der Strolch, der ich mit fünfzehn war ...« Dieser allzusehr vom Beispiel seiner Kameraden getragene Junge, dessen guter Wille es auf viel zu unpersönliche Weise dem ihren gleichtut, macht sich niemals Gedanken über sich selbst. Im Augenblick rettet ihn das. Ich fürchte, *nachher* kehrt er zu seinen reizenden, in ihrer Unbekümmertheit von den Katzen umlauerten Eidechsen zurück ...

LS*: Dank für *Homodépôt Durance 12.* Tritt heute nacht in Funktion. Darauf achten, daß die dem Gelände zugeteilten jungen Leute sich nicht allzuoft in den Straßen von Duranceville sehen lassen. Mädchengesellschaft und Cafés gefährlich, wenn länger als eine Minute. Dennoch die Zügel nicht zu straff anziehen. Kein Einander-Bespitzeln in der Gruppe. Keine Verbindungen mit nicht zu unserem Netz Gehörenden. Großsprecherei stoppen. Bei Überprüfung von Nachrichten stets zwei Quellen. Im Auge behalten, daß in den meisten Fällen fünfzig Prozent Schwärmerei. Die Leute darin unterweisen, die Augen offen zu haben, genau zu berichten, die Arithmetik der Situationen zu erfassen. Umlaufende Gerüchte erst sammeln, dann synthetisieren. Treffpunkt und Briefkasten beim ›Weizenfreund‹. Möglichkeit Aktion Waffen-SS gegen Ausländerlager in Les Mées, mit Übergreifen auf Juden und Résistance. Spanische Republikaner äußerst gefährdet. Müssen unverzüglich gewarnt werden. Eigene Teilnahme an Kampfhandlungen möglichst vermeiden. *Homodépôt* sakrosankt. Bei Alarm sich zerstreuen. Außer um Kameraden zu befreien, Feind niemals Vorhandensein merken lassen. Verdächtige abfangen. Ich vertraue Ihrem Urteil. Lager wird niemals gezeigt. Kein Lager vorhanden, nur Kohlenmeiler, die nicht rauchen. Keine ausgehängte Wäsche,

* Léon Saingermain

linge d'étendu au passage des avions, et tous les hommes sous les arbres et dans le taillis. Personne ne viendra vous voir de ma part, l'ami des blés et le Nageur exceptés. Avec les hommes de l'équipe soyez rigoureux et attentionné. Amitié ouate discipline. Dans le travail, faites toujours quelques kilos de plus que chacun, sans en tirer orgueil. Mangez et fumez visiblement moins qu'eux. N'en préférez aucun à un autre. N'admettez qu'un mensonge improvisé et gratuit. Qu'ils ne s'appellent pas de loin. Qu'ils tiennent leur corps et leur literie propres. Qu'ils apprennent à chanter bas et à ne pas siffler d'air obsédant, à dire telle qu'elle s'offre la vérité. La nuit, qu'ils marchent en bordure des sentiers. Suggérez les précautions; laissez-leur le mérite de les découvrir. Émulation excellente. Contrariez les habitudes monotones. Inspirez celles que vous ne voulez pas trop tôt voir mourir. Enfin, aimez au même moment qu'eux les êtres qu'ils aiment. Additionnez, ne divisez pas. Tout va bien ici. Affections. HYPNOS.

Ce matin, comme j'examinais un tout petit serpent qui se glissait entre deux pierres: »l'orvet du deuil«, s'est écrié Félix. La disparition de Lefèvre, tué la semaine passeé, affleure superstitieusement en image.

La ligne de vol du poème. Elle devrait être sensible *à chacun.*

Les yeux seuls sont encore capables de pousser un cri.

On ne fait pas un lit aux larmes comme à un visiteur de passage.

Je n'écrirai pas de poème d'acquiescement.

wenn Flugzeuge; alle Mann unter Bäumen oder im Gebüsch. Außer dem ›Weizenfreund‹ und dem ›Schwimmer‹ wird niemand in meinem Auftrag zu Ihnen kommen. Härte und Aufmerksamkeit Ihren Leuten gegenüber. Disziplin, in Freundschaft gebettet. Bei der Arbeit immer ein paar Kilo mehr als jeder von ihnen, doch ohne sich darauf etwas einzubilden. Merklich weniger essen und rauchen als die andern. Keinen bevorzugen. Lügen nur dann dulden, wenn improvisiert oder absichtslos. Keine Zurufe aus der Entfernung. Auf saubere Körper und saubere Wäsche achten. Sie sollen lernen, mit leiser Stimme zu singen, keine Melodien zu pfeifen, die einen verfolgen, die Wahrheit so zu sagen, wie sie auf einen zukommt. Nachts am Wegrand entlanggehen. Ihnen die Vorsichtsmaßregeln andeuten, aber ihnen das Verdienst lassen, sie selbst gefunden zu haben. Wetteifern ist ausgezeichnet. Monotonen Gewohnheiten entgegenwirken und solche anregen, die man selber ungern dahinschwinden sähe. Und schließlich: die Menschen lieben, die sie lieben, im selben Augenblick wie sie. Addieren Sie, dividieren Sie nicht. Hier geht alles gut. Herzlich. HYPNOS.

Heute morgen, als ich eine winzige Schlange beobachtete, die zwischen zwei Steinen hindurchglitt –: »Die Trauerschleiche!« rief Félix aus. Der Verlust Lefèvres, der vergangene Woche getötet wurde, schimmert als Bild auf, als Aberglaube.

Die Fluglinie des Gedichts. Sie müßten einem jeden *sinnlich wahrnehmbar* sein.

Nur noch die Augen sind fähig, einen Schrei auszustoßen.

Man kann den Tränen nicht ein Bett richten, wie man es dem durchreisenden Geist richtet.

Ich werde niemals ein Gedicht der Einwilligung schreiben.

Au jardin des Oliviers, qui était en surnombre?

Dans ces jeunes hommes, un émouvant appétit de conscience. Nulle trace des étages montés et descendus si souvent par leurs pères. Ah! pouvoir les mettre dans le droit chemin de la condition humaine, celle dont on ne craindra pas qu'il faille un jour la réhabiliter. Mais Dieu se tenant à l'écart de nos querelles et l'étau des origines sentant ses pouvoirs lui échapper, il faudra exiger des experts nouveaux une ampleur de pensée et une minutie d'application dont je ne saisis pas les présages.

LA FRANCE-DES-CAVERNES

Mettre en route l'intelligence sans le secours des cartes d'étatmajor.

Entre la réalité et son exposé, il y a ta vie qui magnifie la réalité, et cette abjection nazie qui ruine son exposé.

Viendra le temps où les nations sur la marelle de l'univers seront aussi étroitement dépendantes les unes des autres que les organes d'un même corps, solidaires en son économie.
Le cerveau, plein à craquer de machines, pourra-t-il encore garantir l'existence du mince ruisselet de rêve et d'évasion? L'homme, d'un pas de somnambule, marche vers les mines meurtrières, conduit par le chant des inventeurs ...

Le boulanger n'avait pas encore dégrafé les rideaux de fer de sa boutique que déjà le village était assiégé, bâillonné, hypnotisé, mis dans l'impossibilité de bouger. Deux com-

In Gethsemane – wer war da überzählig?

Das erregende Verlangen dieser jungen Menschen, sich aus allem ein Gewissen zu machen. Nicht die geringste Spur von dem so häufigen Hinauf und Hinab ihrer Väter. Könnte man sie doch auf die Straße bringen, die geradewegs zu dem Menschsein führt, von dem nicht zu befürchten steht, daß es eines Tages wird rehabilitiert werden müssen! Aber man wird, da Gott sich ja unseren Händen fernhält und der Schraubstock der Ursprünge seine Kraft dahinschwinden fühlt, von den neuen Sachkundigen ein ungemein umfassendes und zugleich äußerst genau angewandtes Denken fordern müssen. Und ich sehe keine Vorzeichen dafür.

HÖHLEN-FRANKREICH

Die Intelligenz auf den Weg bringen, ohne Zuhilfenahme der Generalstabskarten.

Zwischen der Wirklichkeit und ihrer Darlegung gibt es dein Leben, das die Wirklichkeit verherrlicht, und diesen Nazi-Abhub, der ihre Darlegung zuschanden macht.

Eine Zeit wird kommen, wo im Himmel-und-Hölle-Spiel der Welt die Nationen ebenso eng voneinander abhängen werden wie die Organe ein und desselben Körpers von dessen Haushalt und Aufbau.
Das von Maschinen zum Bersten volle Gehirn: wird es noch das Fortleben des dünnen Rinnsals von Traum und Evasion verbürgen können? Der Mensch – nachtwandlerisch steuert er auf die mörderischen Fundgruben zu, geleitet vom Gesang der Erfinder ...

Noch hatte der Bäcker seine eisernen Vorhänge nicht losgehakt, als das Dorf auch schon belagert, geknebelt, hypnotisiert, aller Bewegungsmöglichkeit beraubt war. Zwei Kompa-

pagnies de SS et un détachement de miliciens le tenaient sous la gueule de ses mitrailleuses et de ses mortiers. Alors commença l'épreuve.
Les habitants furent jetés hors des maisons et sommés de se rassembler sur la place centrale. Les clés sur les portes. Un vieux, dur d'oreille, qui ne tenait pas compte assez vite de l'ordre, vit les quatre murs et le toit de sa grange voler en morceaux sous l'effet d'une bombe. Depuis quatre heures j'étais éveillé. Marcelle était venue à mon volet me chuchoter l'alerte. J'avais reconnu immédiatement l'inutilité d'essayer de franchir le cordon de surveillance et de gagner la campagne. Je changeai rapidement de logis. La maison inhabitée où je me réfugiai autorisait, à toute extrémité, une résistance armée efficace. Je pouvais suivre de la fenêtre, derrière les rideaux jaunis, les allées et venues nerveuses des occupants. Pas un des miens n'était présent au village. Cette pensée me rassura. À quelques kilomètres de là, ils suivraient mes consignes et resteraient tapis. Des coups me parvenaient, ponctués d'injures. Les SS avaient surpris un jeune maçon qui revenait de relever des collets. Sa frayeur le désigna à leurs tortures. Une voix se penchait hurlante sur le corps tuméfié: »Où est-il? conduis-nous«, suivie de silence. Et coups de pieds et coups de crosses de pleuvoir. Une rage insensée s'empara de moi, chassa mon angoisse. Mes mains communiquaient à mon arme leur sueur crispée, exaltaient sa puissance contenue. Je calculais que le malheureux se tairait encore cinq minutes, puis, fatalement, il parlerait. *J'eus honte de souhaiter sa mort avant cette échéance. Alors apparut jaillissant de chaque rue la marée des femmes, des enfants, des vieillards, se rendant au lieu de rassemblement, suivant un* plan concerté. *Ils se hâtaient sans hâte, ruisselant littéralement sur les SS, les paralysant ›en toute bonne foi‹.*

nien SS und eine Abteilung Miliz hielten es vor den Mäulern ihrer Maschinengewehre und Mörser in Schach. Die Prüfung begann. Man warf die Einwohner aus ihren Häusern, befahl ihnen, sich auf dem Dorfplatz zu versammeln. Schlüssel hatten steckenzubleiben. Ein Alter, der, harthörig, den Befehl nicht schnell genug ausgeführt hatte, sah nun, wie eine Bombe ihm die vier Wände und das Dach seiner Scheune in die Luft blies. Seit vier Uhr war ich auf den Beinen. Marcelle war herbeigeeilt, hatte mir das Warnungszeichen gegeben, durch den Fensterladen, flüsternd. Sofort war mir klar, daß es sinnlos war, den Bewachungskordon durchbrechen zu wollen, um das freie Feld zu gewinnen. Schleunigst tauschte ich meine Bleibe gegen eine andere ein. Das unbewohnte Haus, in das ich mich flüchtete, gestattete, wenn es zum Äußersten kam, wirksamen Widerstand mit der Waffe. Vom Fenster aus, hinter den verschossenen Vorhängen, konnte ich das aufgeregte Kommen und Gehen der Okkupanten verfolgen. Nicht ein einziger von den Meinen befand sich im Dorf. Ein paar Kilometer weiter würden sie, meine Weisung befolgend, in Deckung bleiben. Ich hörte Schläge, begleitet von Flüchen. Die SS-Männer hatten einen jungen Maurergesellen dabei betroffen, wie er mit seinen wieder eingesammelten Hasenfallen ins Dorf zurückkehrte. Entsetzt, wie er war, eignete er sich ganz besonders dazu, von ihnen gefoltert zu werden. Über dem wundgeschwollenen Körper brüllte eine Stimme: »Wo ist er? Führ uns!« Schweigen. Dann Stiefeltritte und Kolbenstöße, die niederprasselten. Eine unsinnige Wut packte mich, vertrieb alle Angst. Der Krampfschweiß meiner Hände teilte sich meiner Waffe mit, steigerte ihre zurückgehaltene Kraft. Noch fünf Minuten, kalkulierte ich, dann, das war unumgänglich, würde er *reden*. Ich schämte mich, daß ich wünschte, er möchte tot sein, ehe es dazu käme. In diesem Augenblick wälzte sich, aus allen Gassen hervorquellend, die Flut der Frauen, Kinder und Greise heran; sie alle strebten dem Sammelplatz zu, indem sie einen *gemeinsam gefaßten Plan* ausführten. Es war ein Eilen ohne Eile, bei dem die SS

Le maçon fut laissé pour mort. Furieuse, la patrouille se fraya un chemin à travers la foule et porta ses pas plus loin. Avec une prudence infinie, maintenant des yeux anxieux et bons regardaient dans ma direction, passaient comme un jet de lampe sur ma fenêtre. Je me découvris à moitié et un sourire se détacha de ma pâleur. Je tenais à ces êtres par mille fils confiants dont pas un ne devait se rompre.
J'ai aimé farouchement mes semblables cette journée-là, bien au delà du sacrifice.*

Il ne faudrait pas aimer les hommes pour leur être d'un réel secours. Seulement désirer rendre meilleure telle expression de leur regard lorsqu'il se pose sur plus appauvri qu'eux, prolonger d'une seconde telle minute agréable de leur vie. À partir de cette démarche et chaque racine traitée, leur respiration se ferait plus sereine. Surtout ne pas entièrement leur supprimer ces sentiers pénibles, à l'effort desquels succède l'évidence de la vérité à travers pleurs et fruits.

Horrible journée! J'ai assisté, distant de quelque cent mètres, à l'exécution de B. Je n'avais qu'à presser sur la gâchette du fusil-mitrailleur et il pouvait être sauvé! Nous étions sur les hauteurs dominant Céreste, des armes à faire craquer les buissons et au moins égaux en nombre aux SS. Eux ignorant que nous étions là. Aux yeux qui imploraient partout autour de moi le signal d'ouvrir le feu, j'ai répondu non de la tête ... Le soleil de juin glissait un froid polaire dans mes os.

** N'était-ce pas le hasard qui m'avait choisi pour prince ce jour-là plutôt que le cœur mûri pour moi de ce village? (1945)*

buchstäblich überflutet und gelähmt wurde – ›in der besten Absicht‹. Den Maurer ließ man für tot liegen. Schäumend vor Wut, bahnte sich die Streife einen Weg durch die Menge und lenkte ihre Schritte anderswohin. Mit unendlicher Vorsicht sahen angsterfüllte, gütige Augen jetzt zu mir herüber, huschten die Blicke, dem Strahl einer Lampe gleich, über mein Fenster hin. Ich trat halb hinter dem Vorhang hervor, ein Lächeln löste sich von meiner Blässe ab. Mit tausend Fäden des Vertrauens hing ich an diesen Menschen; kein einziger sollte jemals abreißen.
Unbändig habe ich sie an jenem Tag geliebt, meine Mitmenschen, weit über alle Aufopferung hinaus.*

Wer den Menschen wirkliche Hilfe leisten will, sollte sie nicht lieben. Sondern nur wünschen, er könnte, wenn ihr Blick auf jenen ruht, die noch ärmer sind als sie selbst, in das aus ihren Augen Sprechende größere Güte legen; wünschen, er könnte diese oder jene angenehme Minute ihres Lebens um eine Sekunde verlängern. Ist man so verfahren, ist jede Wurzel behandelt worden, so wird ihr Atem wohl ruhiger sein. Vor allem aber nehme man ihnen keinen jener beschwerlichen Pfade, nach deren Mühsal die Wahrheit augenfällig wird, durch Tränen und Früchte hindurch.

Entsetzlicher Tag! Ich habe, aus wenigen hundert Meter Entfernung, der Hinrichtung von B. zugesehen. Ein Druck auf den Abzug meiner Maschinenpistole, und er hätte gerettet werden können! Wir waren auf der Anhöhe oberhalb Céreste, die Büsche strotzten von Waffen, an Zahl waren wir der SS mindestens ebenbürtig. Die zudem nichts von unserem Vorhandensein ahnte. Den Augen ringsum, die um das Signal, das Feuer zu eröffnen, flehten, antwortete ich mit einem Kopfschütteln ... Die Junisonne fuhr mir eisig in die Knochen.

* Ob es nicht eher der Zufall war, der mich an jenem Tag zum Fürsten erkor, und nicht das mir zugereifte Herz des Dorfes? (1945)

Il est tombé comme s'il ne distinguait pas ses bourreaux et si léger, il m'a semblé, que le moindre souffle de vent eût dû le soulever de terre.
Je n'ai pas donné le signal parce que ce village devait être épargné à tout prix. *Qu'est-ce qu'un village? Un village pareil à un autre? Peut-être l'a-t-il su, lui, à cet ultime instant?*

C'est l'enthousiasme qui soulève le poids des années. C'est la supercherie qui relate la fatigue du siècle.

Le poète, susceptible d'exagération, évalue correctement dans le supplice.

J'aime ces êtres tellement épris de ce que leur cœur imagine la liberté qu'ils s'immolent pour éviter au peu de liberté de mourir. Merveilleux mérite du peuple. (Le libre arbitre n'existerait pas. L'être se définirait par rapport à ses cellules, à son hérédité, à la course brève ou prolongée de son destin ... Cependant il existe entre tout cela *et l'Homme une enclave d'inattendus et de métamorphoses dont il faut défendre l'accès et assurer le maintien.)*

La perte de la vérité, l'oppression de cette ignominie dirigée qui s'intitule bien *(le mal, non dépravé, inspiré, fantasque est utile) a ouvert une plaie au flanc de l'homme que seul l'espoir du grand lointain informulé (le vivant inespéré) atténue. Si l'absurde est maître ici-bas, je choisis l'absurde, l'antistatique, celui qui me rapproche le plus des chances pathétiques. Je suis homme de berges – creuse-*

Er fiel, als habe er seine Mörder gar nicht gesehen; und so leicht, schien mir, als hätte der leiseste Hauch ihn vom Boden hinwegheben können.
Ich habe das Signal nicht gegeben, weil das Dorf *um jeden Preis* verschont bleiben mußte. Ein Dorf – was ist das? Ein Dorf wie jedes andere auch? Vielleicht hat er das gewußt in diesem letzten Augenblick?

Es ist die Begeisterung, die die Last der Jahre emporhebt. Es ist der Betrug, der von der Müdigkeit des Jahrhunderts berichtet.

Der Dichter, pflegt er auch zu Übertreibungen zu neigen, in der Folter schätzt er die Dinge richtig ein.

Ich liebe sie, diese Menschen, die das von ihren Herzen als Freiheit Imaginierte so glühend lieben, daß sie in den Tod gehen, um das bißchen Freiheit vor dem Sterben zu bewahren. Wunderbares Verdienst der Menschen aus dem Volke. (Mag sein, daß es keine Willensfreiheit gibt. Mag sein, daß man, um das Wesen des Menschen zu definieren, von Begriffen wie Zelle und Erbmasse ausgehen, daß man dem kürzeren oder längeren Ablauf seines Schicksals Rechnung tragen muß . . . Dennoch besteht zwischen *all dem* und dem Menschen eine Enklave der Unvorhersehbarkeiten und der Metamorphosen, die es zu verteidigen und aufrechtzuerhalten gilt.)

Der Verlust der Wahrheit, der lastende Druck jener gelenkten Schmach, die sich das *Gute* nennt (das unverdorbene, inspirierte und launenhafte Böse ist nützlich): sie haben dem Menschen die Wunde geschlagen, die in seiner Seite klafft und deren Schmerz nur die Hoffnung auf das große Unumrissen-Ferne (das Unverhofft-Lebendige) lindert. Wenn hier unten das Absurde Herr ist, so wähle ich das Absurde, das Antistatische, dasjenige, das mich den pathetischen Chancen

ment et inflammation – ne pouvant l'être toujours de torrent.

La reproduction en couleurs du ›Prisonnier‹ de Georges de la Tour, que j'ai piquée sur le mur de chaux de la pièce où je travaille, semble, avec le temps, réfléchir son sens dans notre condition. Elle serre le cœur mais combien désaltère. Depuis deux ans, pas un réfractaire qui n'ait, passant la porte, brûlé ses yeux aux preuves de cette chandelle. La femme explique, l'emmuré écoute. Les mots qui tombent de cette terrestre silhouette d'ange rouge sont des mots essentiels, des mots qui portent immédiatement secours. Au fond du cachot, les minutes de suif de la clarté tirent et diluent les traits de l'homme assis. Sa maigreur d'ortie sèche, je ne vois pas un souvenir pour la faire frissonner. L'écuelle est une ruine. Mais la robe gonflée emplit soudain tout le cachot. Le Verbe de la femme donne naissance à l'inespéré mieux que n'importe quelle aurore.
Reconnaissance à Georges de la Tour qui maîtrisa les ténèbres hitlériennes avec un dialogue d'êtres humains.

Je vois l'espoir, veine d'un fluvial lendemain, décliner dans le geste des êtres qui m'entourent. Les visages que j'aime dépérissent dans les mailles d'une attente qui les ronge comme un acide. Ah, que nous sommes peu aidés et mal encouragés! La mer et son rivage, ce pas visible, sont un tout scellé par l'ennemi, gisant au fond de la même pensée, moule d'une matière où entrent, à part égale, la rumeur du désespoir et la certitude de résurrection.

am nächsten bringt. Ich bin der Mann der Ufer – Aushöhlung und Entzündung –, da ich nicht immer der Mann der Ströme sein kann.

Die farbige Reproduktion des ›Gefangenen‹ von Georges de la Tour, die ich an die weißgetünchte Wand des Raumes geheftet habe, in dem ich arbeite: je mehr die Zeit verstreicht, desto stärker scheint sie ihren Sinn auf unsere Lage zurückzustrahlen. Sie schnürt das Herz zusammen, gewiß, doch wie löscht sie den Durst! Kein einziger Widerstandskämpfer seit zwei Jahren, der, zur Tür hereingekommen, sich nicht die Augen verbrannt hätte an den Beweisen dieser Kerze. Die Frau erklärt, der Ummauerte lauscht. Die Worte, die von dieser irdischen Engelsgestalt herabfallen, sind die wesentlichen, unverzüglich bringen sie Hilfe. Die Züge des in der Tiefe des Kerkers Sitzenden: die Talgminuten des Lichts dehnen sie, lassen sie verfließen. Der Mann ist ausgetrocknet wie eine welke Nessel – keine Erinnerung, bei der er erschauern könnte. Die Schüssel ist eine Ruine. Aber das gebauschte Kleid füllt plötzlich den ganzen Kerker aus. Das WORT der Frau setzt das Unverhoffte in die Welt – keine Morgenröte, die es ihr hierin zuvortun könnte.
Dank sei Georges de la Tour, der die Hitlernacht bezwang mit einem Gespräch von Menschen!

Ich sehe, wie die Hoffnung – der Wasserfaden zu einem Morgen der Ströme – in den Gesten der mich Umgebenden versiegt. Die Gesichter, die ich liebe: sie schwinden dahin, eingeschnürt vom Netzwerk ihrer Erwartung, die sich wie eine Säure in sie hineinfrißt. Wie wenig Hilfe uns zuteil wird, wie wenig Ermutigung! Das Meer und die Küste, der dort sichtbare Schritt: all das ist vom Feind versiegelt, liegt tief unten auf dem Grunde eines einzigen Gedankens, formt einen Stoff, zu gleichen Teilen gebildet aus dem Laut der Verzweiflung und der Gewißheit des Wiederauflebens.

Le doute se trouve à l'origine de toute grandeur. L'injustice historique s'évertue à ne pas le mentionner. Ce doute-là est génie. Ne pas le rapprocher de l'incertain qui lui est provoqué par l'émiettement des pouvoirs de la sensation.

Olivier le Noir m'a demandé une bassine d'eau pour nettoyer son revolver. Je suggérai la graisse d'arme. Mais c'est bien l'eau qui convenait. Le sang sur les parois de la cuvette demeurait hors de portée de mon imagination. À quoi eût servi de se représenter la silhouette honteuse, effondrée, le canon dans l'oreille, dans son enroulement gluant? Un justicier rentrait, son labeur accompli, comme un qui, ayant bien rompu sa terre, décrotterait sa bêche avant de sourire à la flambée de sarments.

Je redoute l'échauffement tout autant que la chlorose des années qui suivront la guerre. Je pressens que l'unanimité confortable, la boulimie de justice n'auront qu'une durée éphémère, aussitôt retiré le lien qui nouait notre combat. Ici, on se prépare à revendiquer l'abstrait, là on refoule en aveugle tout ce qui est susceptible d'atténuer la cruauté de la condition humaine de ce siècle et lui permettre d'accéder à l'avenir, d'un pas confiant. Le mal partout déjà est en lutte avec son remède. Les fantômes multiplient les conseils, les visites, des fantômes dont l'âme empirique est un amas de glaires et de névroses. Cette pluie qui pénètre l'homme jusqu'à l'os c'est l'espérance d'agression, l'écoute du mépris. On se précipitera dans l'oubli. On renoncera à mettre au rebut, à retrancher et à guérir. On supposera

Der Zweifel ist am Ursprung alles Großen zu finden. Die Ungerechtigkeit der Geschichte tut ihr Möglichstes, um ihn nicht zu erwähnen. Dieser Zweifel ist genialisch. Ihn nicht mit dem Ungewissen vergleichen, das durch die Zerbröckelung des Empfindungsvermögens entsteht.

Olivier le Noir, der von mir eine Schüssel Wasser verlangt, um seinen Revolver zu reinigen. Ich empfehle ihm Waffenfett. Indessen, Wasser war hier tatsächlich das Richtige. Das Blut an den Wänden der Schüssel: so weit hatte meine Phantasie nicht gereicht. Und was hätte es auch genützt, sich die beschämt zusammenbrechende Gestalt vorzustellen, den Revolverlauf in ihrem Ohr, das klebrige Sichzusammenrollen? Ein Gerechtigkeit Übender war heimgekommen, nach getaner Arbeit, ein Mann, der seinen Acker umgebrochen hat und nun seinen Spaten vom Schmutz reinigt, ehe er ans Rebholzfeuer tritt und lächelt.

Die Erhitzung und die Chlorose der Jahre, die auf den Krieg folgen werden: meine Befürchtungen gelten beiden in gleichem Maße. Unsere bequeme Einmütigkeit, unser Gerechtigkeitshunger: sie werden sich, ich fühle es voraus, als recht kurzlebig erweisen, wenn das uns im Kampf Verknüpfende sich gelöst hat. Auf der einen Seite bereitet man sich darauf vor, das Abstrakte zu fordern; auf der andern wiederum wird blindlings all das verworfen, was dazu beitragen könnte, das menschliche Dasein in unserer Zeit zu erleichtern und den Menschen mit zuversichtlichem Schritt auf seine Zukunft zuhalten zu lassen. Schon liegt das Übel überall im Kampf mit den Mitteln, es zu heilen. Die Phantome erteilen Rat um Rat, statten Besuch um Besuch ab – Phantome, deren empirische Seelen ein einziger Haufen von Schleim und Neurosen sind. Dieser den Menschen bis auf die Knochen durchnässende Regen: er ist wirklich nichts anderes als ein Angriff-und-Verachtung-Gewärtigen. Es wird ein jähes Vergessen geben. Aussondern, amputieren, heilen: man wird darauf verzichten.

que les morts inhumés ont des noix dans leurs poches et que l'arbre un jour fortuitement surgira.
O vie, donne, s'il est temps encore, aux vivants un peu de ton bon sens subtil sans la vanité qui abuse, et par-dessus tout, peut-être, donne-leur la certitude que tu n'es pas aussi accidentelle et privée de remords qu'on le dit. Ce n'est pas la flèche qui est hideuse, c'est le croc.

Dans nos ténèbres, il n'y a pas une place pour la Beauté. Toute la place est pour la Beauté.

LA ROSE DE CHÊNE

Chacune des lettres qui compose ton nom, ô Beauté, au tableau d'honneur des supplices, épouse la plane simplicité du soleil, s'inscrit dans la phrase géante qui barre le ciel, et s'associe à l'homme acharné à tromper son destin avec son contraire indomptable: l'espérance.

Man wird annehmen, daß die in der Erde ruhenden Toten Nüsse in ihren Taschen haben und daß eines Tages, ganz zufällig, ein Baum dastehen wird.
O Leben, gib, wenn es noch Zeit ist, den Lebenden etwas von deinem subtilen Verstand, gib es ihnen ohne alle täuschende Eitelkeit, gib ihnen, vor allem vielleicht, die Gewißheit, daß du nicht so zufällig bist und so aller Gewissensbisse bar, wie man sagt. Nicht der Pfeil ist das Entsetzliche – es ist der Widerhaken.

In unserem Dunkel: nicht *einen* Platz hat die Schönheit darin. Der ganze Platz ist ihr, der Schönheit, zugedacht.

EICHENROSE

Jeder einzelne, auf der Ehrentafel der Leiden deinen Namen bildende Buchstabe, o Schönheit: er geht in der ebenmäßigen Schlichtheit der Sonne auf, er schreibt die riesige Phrase mit, die quer über den Himmel läuft, er gesellt sich dem Menschen zu, der da nicht abläßt davon, sein Schicksal zu betrügen mit dessen unbezähmbarem Widerspiel: der Hoffnung.

Deutsch von Johannes Hübner und Lothar Klünner

DAS PULVERISIERTE GEDICHT

Le poème pulvérisé (1945–1947)

ARGUMENT

Comment vivre sans inconnu devant soi?
Les hommes d'aujourd'hui veulent que le poème soit à l'image de leur vie, faite de si peu d'égards, de si peu d'espace et brûlée d'intolérance.
Parce qu'il ne leur est plus loisible d'agir suprêmement, dans cette préoccupation fatale de se détruire par son semblable, parce que leur inerte richesse les freine et les enchaîne, les hommes d'aujourd'hui, l'instinct affaibli, perdent, tout en se gardant vivants, jusqu'à la poussière de leur nom.
Né de l'appel du devenir et de l'angoisse de la rétention, le poème, s'élevant de son puits de boue et d'étoiles, témoignera presque silencieusement, qu'il ne'était rien en lui qui n'existât vraiment ailleurs, dans ce rebelle et solitaire monde des contradictions.

LES TROIS SŒURS

Mon amour à la robe de phare bleu,
Je baise la fièvre de ton visage
Où couche la lumière qui jouit en secret.

J'aime et je sanglote. Je suis vivant
Et c'est ton cœur cette Étoile du Matin
À la durée victorieuse qui rougit avant
De rompre le combat des Constellations.

Hors de toi, que ma chair devienne la voile
Qui répugne au vent.

I

Dans l'urne des temps secondaires
L'enfant à naître était de craie.
La marche fourchue des saisons
Abritait d'herbe l'inconnu.

ARGUMENT

Wie leben, ohne vor sich ein Unbekanntes?
Die Menschen von heute wollen, daß das Gedicht nach dem Bild ihres Lebens gemacht sei, so arm an Rücksicht, so arm an Raum und verbrannt von Unduldsamkeit.
Weil es ihnen nicht mehr erlaubt ist, im höchsten Sinne zu handeln, bei ihrem verhängnisvollen Hang, sich durch ihresgleichen zu zerstören, weil ihr träger Reichtum sie hemmt und fesselt, verlieren die Menschen von heute, mit geschwächtem Instinkt, obwohl sie sich am Leben erhalten, selbst den Staub ihres Namens.
Geboren aus dem Anruf des Werdens und der Angst vor dem Einbehalt, erhebt sich das Gedicht aus seinem Brunnen von Schlamm und Sternen und bezeugt beinah schweigend, daß nichts in ihm war, was nicht wahrhaftig anderswo existiert hat, in dieser rebellischen und einsamen Welt der Widersprüche.

DIE DREI SCHWESTERN

Meine Liebe im blauen Leuchtfeuerkleid,
Ich küsse das Fieber deines Gesichts,
Dort ruht das Licht voll geheimen Glücks.

Ich liebe und ich schluchze. Ich lebe,
Und dein Herz ist dieser Morgenstern,
Siegreich und stetig, der errötet, bevor
Er den Kampf der Sternbilder bricht.

Bist du ferne, so sei mein Fleisch das Segel,
Das den Wind verschmäht.

I

In der Urne der minderen Zeiten
War aus Kreide das werdende Kind.
Der gegabelte Lauf des Jahres
Schirmte das Unbekannte mit Gras.

La connaissance divisible
Pressait d'averses le printemps.
Un aromate de pays
Prolongeait la fleur apparue.

Communication qu'on outrage,
Ecorce ou givre déposés;
L'air investit, le sang attise;
L'œil fait mystère du baiser.

Donnant vie à la route ouverte,
Le tourbillon vint aux genoux;
Et cet élan, le lit des larmes
S'en emplit d'un seul battement.

II

La seconde crie et s'évade
De l'abeille ambiante et du tilleul vermeil.
Elle est un jour de vent perpétuel,
Le dé bleu du combat, le guetteur qui sourit
Quand sa lyre profère: »Ce que je veux, sera«.

C'est l'heure de se taire,
De devenir la tour
Que l'avenir convoite.

Le chasseur de soi fuit sa maison fragile:
Son gibier le suit n'ayant plus peur.

Leur clarté est si haute, leur santé si nouvelle,
Que ces deux qui s'en vont sans rien signifier
Ne sentent pas les sœurs les ramener à elles
D'un long bâillon de cendre aux forêts blanches.

Das vielgeteilte Erkennen
Bestürzte den Frühling mit Regen.
Ein heimatlich würziger Duft
Ließ die entsprossene Blume währen.

Bindungen, die man schmäht,
Ob man Reif oder Rinde abwarf;
Die Luft setzt ins Recht, das Blut facht an;
Das Auge verschließt sich dem Kuß.

Den offenen Weg belebend,
Erreichte die Knie der Wirbelwind;
Und mit einem Schlag war das Bett der Tränen
Voll dieser Schwungkraft.

II

Die zweite schreit und entflieht
Der umschwirrenden Biene, der goldroten Linde.
Sie ist ein Tag aus ewigem Wind,
Der blaue Würfel des Kampfes, der Späher, der lächelt,
Wenn seine Leier kündet: »Was ich will, wird geschehn.«

Das ist die Stunde des Schweigens,
Wo man zum Turm werden möchte,
Nach dem die Zukunft sich sehnt.

Der Jäger selbst flieht sein morsches Haus:
Sein Wild folgt ihm nach, es vergaß alle Angst.

Ihr Licht ist so groß, ihr Heil-Sein so neu,
Daß die beiden, die fortgehen, deutungslos,
Nicht spüren, wie die Schwestern sie zu sich lenken
Mit einem langen Aschenknebel in weiße Wälder.

III

Cet enfant sur ton épaule
Est ta chance et ton fardeau.
Terre en quoi l'orchidée brûle,
Ne le fatiguez pas de vous.

Restez fleur et frontière,
Restez manne et serpent;
Ce que la chimère accumule
Bientôt délaisse le refuge.

Meurent les yeux singuliers
Et la parole qui découvre.
La plaie qui rampe au miroir
Est maîtresse des deux bouges.

Violente l'épaule s'entr'ouvre;
Muet apparaît le volcan.
Terre sur quoi l'olivier brille,
Tout s'évanouit en passage.

BIENS ÉGAUX

Je suis épris de ce morceau tendre de campagne, de son accoudoir de solitude au bord duquel les orages viennent se dénouer avec docilité, au mât duquel un visage perdu, par instant s'éclaire et me regagne. De si loin que je me souvienne, je me distingue penché sur les végétaux du jardin désordonné de mon père, attentif aux sèves, baisant des yeux formes et couleurs que le vent semi-nocturne irriguait mieux que la main infirme des hommes. Prestige d'un retour qu'aucune fortune n'offusque. Tribunaux de midi, je veille. Moi qui jouis du privilège de sentir tout ensemble accablement et confiance, défection et courage,

III

Das Kind auf deiner Schulter
Ist dir Hoffnung und Last.
Erde, auf der die Orchidee glüht,
Laß es deiner nicht müde werden.

Bleibe Blume und Grenze,
Bleibe Wiege und Schlange;
Was die Chimäre hortet,
Entrinnt alsbald dem Versteck.

Es sterben die Augen, die ohnegleichen,
Und auch das Wort, das entdeckt.
Die Wunde, die hinkriecht am Spiegel,
Beherrscht das Gerümpel von beiden.

Ungestüm bricht die Schulter auf;
Stumm erscheint der Vulkan.
Erde, wo der Ölbaum schimmert,
Alles verlischt im Vorbeigehn.

GLEICHER REICHTUM

Ich liebe dies sanfte Stück Land, sein Geländer aus Einsamkeit, an dessen Rand die Stürme sich folgsam entwirren, an dessen Mast ein verlorenes Antlitz für Augenblicke aufleuchtet und mich zurückholt. So weit meine Erinnerung reicht, seh ich mich hingeneigt über die Pflanzen im verwilderten Garten meines Vaters, wie ich die Säfte beobachte und mit den Augen Formen und Farben küsse, die der halbnächtliche Wind besser feuchtete als die unsichere Hand der Menschen. Zauber einer Rückkehr, den kein Zufall verdunkelt. Tribunale des Mittags, ich wache. Ich, der das Vorrecht genießt, Bedrükkung und Zuversicht, Abtrünnigkeit und Mut auf einmal zu

je n'ai retenu personne sinon l'angle fusant d'une Rencontre.
Sur une route de lavande et de vin, nous avons marché côte à côte dans un cadre enfantin de pussière à gosier de ronces, l'un se sachant aimé de l'autre. Ce n'est pas un homme à tête de fable que plus tard tu baisais derrière les brumes de ton lit constant. Te voici nue et entre toutes la meilleure seulement aujourd'hui où tu franchis la sortie d'un hymne raboteux. L'espace pour toujours est-il cet absolu et scintillant congé, chétive volte-face? Mais prédisant cela j'affirme que tu vis; le sillon s'élaire entre ton bien et mon mal. La chaleur reviendra avec le silence comme je te soulèverai, Inanimée.

DONNERBACH MUHLE *Hiver 1939*

Novembre de brumes, entends sous le bois la cloche du dernier sentier franchir le soir et disparaître,

le vœu lointain du vent séparer le retour dans les fers de l'absence qui passe.

Saison d'animaux pacifiques, de filles sans méchanceté, vous détenez des pouvoirs que mon pouvoir contredit; vous avez les yeux de mon nom, ce nom qu'on me demande d'oublier.

Glas d'un monde trop aimé, j'entends les monstres qui piétinent sur une terre sans sourire. Ma sœur vermeille est en sueur. Ma sœur furieuse appelle aux armes.

empfinden, ich habe niemanden aufgehalten, nur den schmelzenden Winkel einer Begegnung.
Auf einem Weg von Lavendel und Wein gingen wir Seite an Seite in einem Kinderbild aus Staub, die Kehle voll Dornen, und einer wußte sich vom andern geliebt. Es ist kein Mann mit dem Kopf eines Fabelwesens, den du später hinter den Nebeln deines beharrlichen Bettes geküßt hast. Sieh, erst heute, wo du den Ausbruch einer holprigen Hymne glatt überspringst, bist du nackt und die beste von allen. Soll denn der Raum für immer solch unbedingter und schimmernder Urlaub bleiben, solch dürftige Abkehr? Aber mit dieser Voraussage bestätige ich, daß du lebst; die Furche wird hell zwischen deinem Reichtum und meiner Not. Die Wärme wird zurückkehren mit dem Schweigen, so wie ich dich emporhebe, Leblose du.

DONNERBACH-MÜHLE

Winter 1939

Nebel-November, höre unterm Gehölz, wie die Glocke des letzten Pfades den Abend durchfliegt und schwindet,

wie der ferne Wunsch des Windes die Rückkehr in die Ketten trennt von der Abwesenheit, die vergeht.

Jahreszeit friedlicher Tiere, argloser Mädchen, du verfügst über Kräfte, denen meine Kraft widerspricht; du hast die Augen meines Namens, dieses Namens, den ich vergessen soll.

Totengeläut einer allzu geliebten Welt, ich höre die Ungeheuer, die über eine Erde ohne Lächeln stampfen. Meine glührote Schwester ist in Schweiß. Meine rasende Schwester ruft zu den Waffen.

La lune du lac prend pied sur la plage où le doux feu végétal de l'été descend à la vague qui l'entraîne vers un lit de profondes cendres.

Tracée par le canon,
– vivre, limite immense –
la maison dans la forêt s'est allumée:
Tonnerre, ruisseau, moulin.

J'HABITE UNE DOULEUR

Ne laisse pas le soin de gouverner ton cœur à ces tendresses parentes de l'automne auquel elles empruntent sa placide allure et son affable agonie. L'œil est précoce à se plisser. La souffrance connaît peu de mots. Préfère te coucher sans fardeau: tu rêveras du lendemain et ton lit te sera léger. Tu rêveras que ta maison n'a plus de vitres. Tu es impatient de t'unir au vent, au vent qui parcourt une année en une nuit. D'autres chanteront l'incorporation mélodieuse, les chairs qui ne personnifient plus que la sorcellerie du sablier. Tu condamneras la gratitude qui se répète. Plus tard, on t'identifiera à quelque géant désagrégé, seigneur de l'impossible.
Pourtant.
Tu n'as fait qu'augmenter le poids de ta nuit. Tu es retourné à la pêche aux murailles, à la canicule sans été. Tu es furieux contre ton amour au centre d'une entente qui s'affole. Songe à la maison parfaite que tu ne verras jamais monter. À quand la récolte de l'abîme? Mais tu as crevé les yeux du lion. Tu crois voir passer la beauté au-dessus des lavandes noires ...
Qu'est-ce qui t'a hissé, une fois encore, un peu plus haut, sans te convaincre?
Il n'y a pas de siège pur.

Der Mond des Sees faßt auf dem Ufer Fuß, wo das sanfte Pflanzenfeuer des Sommers zur Welle hinabsteigt, die es hinreißt in ein Bett tiefer Asche.

Umrissen von der Kanone,
– leben, unmeßbare Grenze –
wurde das Haus im Walde hell:
Donner, Bach, Mühle.

ICH WOHNE IN EINEM SCHMERZ

Überlaß die Sorge, dein Herz zu lenken, nicht diesen Zärtlichkeiten, die dem Herbst verwandt sind, von dem sie ihr sanftes Gebaren leihen und ihre freundliche Agonie. Zu früh wird das Auge faltig. Das Leiden kennt wenig Worte. Geh lieber ohne Bürde schlafen: dann träumst du von morgen, und dein Bett ist dir leicht. Dann träumst du, daß dein Haus keine Scheiben mehr hat. Du bist ungeduldig, dich mit dem Wind zu vereinen, dem Wind, der ein Jahr durcheilt während einer Nacht. Andere werden besingen, was sich melodisch verkörpert, das Fleisch, das nur noch die Hexerei der Sanduhr darstellt. Dann verwirfst du die Dankbarkeit, die sich wiederholt. Später hält man dich für einen zerbröckelten Riesen, Herrn des Unmöglichen.
Trotzdem.
Du hast deine Nacht nur schwerer gemacht. Du bist zurückgekehrt zum Fischzug im Mauerwerk, zum Hundsstern ohne Sommer. Du wütest gegen deine Liebe inmitten leidenschaftlicher Harmonie. Denke an das vollkommene Haus, das niemals vor deinem Blick erstehn wird. Wann die Ernte des Abgrunds? Aber du hast dem Löwen die Augen ausgestochen. Du glaubst, die Schönheit vorbeigehn zu sehn über schwarzem Lavendel ...
Was hat dich aufgehißt, einmal noch, ein wenig höher, und hat dich nicht überführt?
Es gibt keinen Sitz, der rein ist.

JACQUEMARD ET JULIA

Jadis l'herbe, à l'heure où les routes de la terre s'accordaient dans leur déclin, élevait tendrement ses tiges et allumait ses clartés. Les cavaliers du jour naissaient au regard de leur amour et les châteaux de leurs bien-aimées comptaient autant de fenêtres que l'abîme porte d'orages légers.

Jadis l'herbe connaissait mille devises qui ne se contrariaient pas. Elle était la providence des visages baignés de larmes. Elle incantait les animaux, donnait asile à l'erreur. Son étendue était comparable au ciel qui a vaincu la peur du temps et allégi la douleur.

Jadis l'herbe était bonne aux fous et hostile au bourreau. Elle convolait avec le seuil de toujours. Les jeux qu'elle inventait avaient des ailes à leur sourire (jeux absous et également fugitifs). Elle n'était dure pour aucun de ceux qui perdant leur chemin souhaitent le perdre à jamais.

Jadis l'herbe avait établi que la nuit vaut moins que son pouvoir, que les sources ne compliquent pas à plaisir leur parcours, que la graine qui s'agenouille est déjà à demi dans le bec de l'oiseau. Jadis, terre et ciel se haïssaient mais terre et ciel vivaient.

L'inextinguible sécheresse s'écoule. L'homme est un étranger pour l'aurore. Cependant à la poursuite de la vie qui ne peut être encore imaginée, il y a des volontés qui frémissent, des murmures qui vont s'affronter et des enfants sains et saufs qui découvrent.

LE REQUIN ET LA MOUETTE

Je vois enfin la mer dans sa triple harmonie, la mer qui tranche de son croissant la dynastie des douleurs absurdes, la grande volière sauvage, la mer crédule comme un liseron.

JACQUEMARD UND JULIA

Ehemals hob das Gras, zur Stunde, da die Wege der Erde verdämmernd zusammenklangen, zart seine Halme und entzündete seine Lichter. Die Reiter des Tages wurden unter dem Blick ihrer Liebe geboren, und die Burgen ihrer Geliebten zählten so viele Fenster, wie der Abgrund leichte Gewitter birgt.
Ehemals kannte das Gras tausend Wahlsprüche, die sich nicht widersprachen. Es war der Schutzengel der von Tränen nassen Gesichter. War Zauber über die Tiere, bot dem Irrtum Zuflucht. Seine Weite war dem Himmel vergleichbar, der die Angst der Zeit besiegt und den Schmerz erleichtert hat.
Ehemals war das Gras den Narren gut und dem Henker feind. Es vermählte sich mit der Schwelle des Währenden. Die Spiele, die es erfand, hatten Flügel an ihrem Lächeln (freigesprochne und flüchtige Spiele, eins wie das andre). Es war für keinen von denen hart, die ihren Weg verlieren und dabei wünschen, ihn zu verlieren für je.
Ehemals hatte das Gras bestimmt, daß mehr als die Nacht ihre Kräfte gelten, die Quellen ihren Lauf nicht mutwillig verwirren, das Körnchen, das hinkniet, schon halb im Schnabel des Vogels ist. Ehemals haßten sich Erde und Himmel, aber Erde und Himmel lebten.
Die unauslöschliche Dürre verströmt. Der Mensch ist dem Frührot ein Fremder. Doch auf der Jagd einem Leben nach, das noch nicht vorstellbar ist, gibt es bebenden Willen, Geflüster, die einander Trotz bieten, und Kinder, gesund und munter, die *entdecken*.

DER HAI UND DIE MÖWE

Endlich sehe ich das Meer in seiner dreifachen Harmonie, das Meer, das mit seinem Halbmond die Dynastie der absurden Schmerzen mäht, den großen wilden Vogelkäfig, das Meer, leichtgläubig wie eine Ackerwinde.

Quand je dis: j'ai levé la loi, j'ai franchi la morale, j'ai maillé le cœur, *ce n'est pas pour me donner raison devant ce pèse-néant dont la rumeur étend sa palme au delà de ma persuasion. Mais rien de ce qui m'a vu vivre et agir jusqu'ici n'est témoin alentour. Mon épaule peut bien sommeiller, ma jeunesse accourir. C'est de cela seul qu'il faut tirer richesse immédiate et opérante. Ainsi, il y a un jour de pur dans l'année, un jour qui creuse sa galerie merveilleuse dans l'écume de la mer, un jour qui monte aux yeux pour couronner midi. Hier la noblesse était déserte, le rameau était distant de ses bourgeons. Le requin et la mouette ne communiquaient pas.*
O Vous, arc-en-ciel de ce rivage polisseur, approchez le navire de son espérance. Faites que toute fin supposée soit une neuve innocence, un fiévreux en-avant pour ceux qui trébuchent dans la matinale lourdeur.

MARTHE

Marthe que ces vieux murs ne peuvent pas s'approprier, fontaine où se mire ma monarchie solitaire, comment pourrais-je jamais vous oublier puisque je n'ai pas à me souvenir de vous: vous êtes le présent qui s'accumule. Nous nous unirons sans avoir à nous aborder, à nous prévoir, comme deux pavots font en amour une anémone géante.
Je n'entrerai pas dans votre cœur pour limiter sa mémoire. Je ne retiendrai pas votre bouche pour l'empêcher de s'entr'ouvrir sur le bleu de l'air et la soif de partir. Je veux être pour vous la liberté et le vent de la vie qui passe le seuil de toujours avant que la nuit ne devienne introuvable.

Wenn ich sage: *das Gesetz hab ich aufgehoben, die Moral überwunden, das Herz gepanzert,* dann nicht, um mir Recht zu geben vor dieser Waage des Nichts, deren Getös seine Palme entfaltet weit über meine Überzeugung hinweg. Aber nichts, was bisher mich leben und handeln gesehen hat, ist Zeuge ringsum. Wohl kann meine Schulter schlummern, meine Jugend herbeieilen. Daraus allein ist unmittelbarer und wirksamer Reichtum zu ziehen. So gibt es einen Tag der Reinheit im Jahr, einen Tag, der seinen wunderbaren Schacht in den Schaum des Meeres gräbt, einen Tag, der in die Augen steigt, um den Mittag zu krönen. Das Edle lag gestern noch einsam, der Zweig war fern seinen Knospen. Der Hai und die Möwe kannten sich nicht.
O du, Regenbogen dieses glättenden Strandes, bring das Schiff seiner Hoffnung nah. Gib, daß jedes vermeintliche Ende eine neue Unschuld sei, ein fieberhaftes Vorwärts für alle, die straucheln in der Schwere des Morgens.

MARTHE

Marthe, von der diese alten Mauern nicht Besitz nehmen können, Brunnen, in dem meine einsame Monarchie sich spiegelt, wie könnte ich dich jemals vergessen, denn ich brauche mich nicht an dich zu erinnern: du bist die Gegenwart, die sich häuft. Wir werden eins sein, ohne uns anzureden noch uns vorher bedenken zu müssen, wie zwei Mohnblumen liebend zu einer riesigen Anemone werden.
Ich werde nicht eintreten in dein Herz, deinem Gedächtnis Schranken zu setzen, noch deinem Munde Einhalt gebieten, ihn hindern, der Bläue der Luft sich zu öffnen oder dem Durst nach Abschied. Ich will für dich die Freiheit sein und der Wind des Lebens, der die Schwelle des Bleibenden überschreitet, ehe die Nacht unauffindbar wird.

Nous commençons toujours notre vie sur un crépuscule admirable. Tout ce qui nous aidera, plus tard, à nous dégager de nos déconvenues s'assemble autour de nos premiers pas.

La conduite des hommes de mon enfance avait l'apparence d'un sourire du ciel adressé à la charité terrestre. On y saluait le mal comme une incartade du soir. Le passage d'un météore attendrissait. Je me rends compte que l'enfant que je fus, prompt à s'éprendre comme à se blesser, a eu beaucoup de chance. J'ai marché sur le miroir d'une rivière pleine d'anneaux de couleuvre et de danses de papillons. J'ai joué dans des vergers dont la robuste vieillesse donnait des fruits. Je me suis tapi dans des roseaux, sous la garde d'êtres forts comme des chênes et sensibles comme des oiseaux.

Ce monde net est mort sans laisser de charnier. Il n'est plus resté que souches calcinées, surfaces errantes, informe pugilat et l'eau bleue d'un puits minuscule veillée par cet Ami silencieux.

La connaissance eut tôt fait de grandir entre nous. Ceci n'est plus, *avais-je coutume de dire.* Ceci n'est pas, *corrigeait-il.* Pas *et* plus *étaient disjoints. Il m'offrait, à la gueule d'un serpent qui souriait, mon impossible que je pénétrais sans souffrir. D'où venait cet Ami? Sans doute, du moins sombre, du moins ouvrier des soleils. Son énergie que je jugeais grande éclatait en fougères patientes, humidité pour mon espoir. Ce dernier, en vérité, n'était qu'une neige de l'existence, l'affinité du renouveau. Un butin s'amoncelait, dessinant le littoral cruel que j'aurais un jour à parcourir. Le cœur de mon Ami m'entrait dans le cœur comme un trident, cœur souverain égaillé dans des conquêtes bientôt réduites en cendres, pour marquer combien la tentation se déprime chez qui s'établit, se rend. Nos*

LEHNSHERR

Immer beginnen wir unser Leben in köstlicher Dämmerung. Alles, was später uns hilft, unsern Widerwärtigkeiten zu entrinnen, sammelt sich schon um unsere ersten Schritte.
Das Gebaren der Menschen meiner Kindheit schien wie ein Himmelslächeln der irdischen Barmherzigkeit zugewandt. Das Böse begrüßte man dort wie einen Unfug des Abends. Das Vorüberziehn eines Meteors verursachte Rührung. Ich bin mir bewußt, das Kind, das ich damals war, schnell begeistert und schnell verwundet, hat viel Glück gehabt. Ich ging über den Spiegel eines Flusses, der voll von Nattergeringel und Schmetterlingstänzen war. Ich spielte in Gärten, deren rüstiges Alter Früchte verschenkte. Ich kauerte mich ins Schilfrohr, beschützt von Wesen, stark wie Eichen und empfindsam wie Vögel.
Diese lautere Welt ist tot, ohne ein Leichenhaus nachzulassen. Nichts weiter blieb als verglühte Baumstümpfe, unstete Flächen, gestaltloser Faustkampf und das blaue Wasser eines winzigen Brunnens, bewacht von diesem schweigsamen Freund.
Bald wuchs zwischen uns die Bekanntschaft. *Das ist nicht mehr*, war ich gewohnt zu sagen. *Das ist nicht*, verbesserte er. *Nicht* und *nicht mehr* waren zweierlei. Er bot mir, im Rachen einer lächelnden Schlange, mein Unmögliches an, in das ich schmerzlos eindrang. Woher kam dieser Freund? Ohne Zweifel von einer Sonne, die weniger finster, weniger arbeitsam war. Seine Tatkraft, die ich für groß hielt, brach aus in geduldige Farne, Feuchte für meine Hoffnung. In Wirklichkeit war diese Hoffnung nur Schnee des Daseins, Verwandtschaft mit dem Frühling. Beute häufte sich an, ließ die grausame Küste hervortreten, die ich eines Tages würde durchstreifen müssen. Das Herz meines Freundes drang mir ins Herz wie ein Dreizack, souveränes Herz, in Eroberungen verzettelt, die bald zu Asche wurden, um zu beweisen, wie sehr die Versuchung sich duckt bei dem, der sich niederläßt, sich ergibt. Unsere Geständ-

confidences ne construiraient pas d'église; le mutisme reconduisait tous nos pouvoirs.

Il m'apprit à voler au-dessus de la nuit des mots, loin de l'hébétude des navires à l'ancre. Ce n'est pas le glacier qui nous importe mais ce qui le fait possible indéfiniment, sa solitaire vraisemblance. Je nouai avec des haines enthousiastes que j'aidai à vaincre puis quittai. (Il suffit de fermer les yeux pour ne plus être reconnu.) Je retirai aux choses l'illusion qu'elles produisent pour se préserver de nous et leur laissai la part qu'elles nous concèdent. Je vis qu'il n'y aurait jamais de femme pour mai dans MA *ville. La frénésie des cascades, symboliquement, acquitterait mon bon vouloir.*

J'ai remonté ainsi l'âge de la solitude jusqu'à la demeure suivante de L'HOMME VIOLET. *Mais il ne disposait là que du morose état-civil de ses prisons, de son expérience muette de persécuté, et nous n'avions, nous, que son signalement d'évadé.*

nisse würden keine Kirche erbauen; die Schweigsamkeit brachte all unsere Kräfte zurück.
Er lehrte mich, hoch über die Nacht der Worte zu fliegen, weitab vom Stumpfsinn der Schiffe vor Anker. Nicht der Gletscher ist wichtig für uns, sondern das, was ihn grenzenlos möglich macht, seine einsame Wahrscheinlichkeit. Ich knüpfte an mit begeistertem Haß, dem ich zum Siege verhalf, dann mich entzog. (Es genügt, die Augen zu schließen, um nicht mehr erkannt zu werden.) Ich nahm den Dingen die Illusion, die sie erzeugen, um sich vor uns zu bewahren, und ließ ihnen den Anteil, den sie uns zugestehn. Ich sah, daß es in MEINER Stadt nie eine Frau für mich geben würde. Das Toben der Wasserfälle wäre, symbolisch, Freispruch für meinen guten Willen.
So stieg ich wieder empor zu den Zeiten der Einsamkeit bis zur nächsten Behausung des MANNES IN VIOLETT. Aber er verfügte dort nur über den trüben Aktenbestand seiner Gefängnisse, seiner stummen Erfahrung eines Verfolgten, und es blieb uns nur noch sein Steckbrief, der eines Entwichnen.

Deutsch von Johannes Hübner und Lothar Klünner

DER ERZÄHLENDE QUELL

La fontaine narrative (1947)

FASTES

L'été chantait sur son roc préféré quand tu m'es apparue, l'été chantait à l'écart de nous qui étions silence, sympathie, liberté triste, mer plus encore que la mer dont la longue pelle bleue s'amusait à nos pieds.
L'été chantait et ton cœur nageait loin de lui. Je baisais ton courage, entendais ton désarroi. Route par l'absolu des vagues vers ces hauts pics d'écume où croisent des vertus meurtrières pour les mains qui portent nos maisons. Nous n'étions pas crédules. Nous étions entourés.
Les ans passèrent. Les orages moururent. Le monde s'en alla. J'avais mal de sentir que ton cœur justement ne m'apercevait plus. Je t'aimais. En mon absence de visage et mon vide de bonheur. Je t'aimais, changeant en tout, fidèle à toi.

LA SORGUE

Chanson pour Yvonne

Rivière trop tôt partie, d'une traite, sans compagnon,
Donne aux enfants de mon pays le visage de ta passion.

Rivière où l'éclair finit et où commence ma maison,
Qui roule aux marches d'oubli la rocaille de ma raison.

Rivière, en toi terre est frisson, soleil anxiété.
Que chaque pauvre dans sa nuit fasse son pain de ta moisson.

Rivière souvent punie, rivière à l'abandon.

CHRONIK

Der Sommer sang auf seinem Lieblingsfelsen, als du mir erschienst, der Sommer sang uns zur Seite, die wir Schweigen waren, Einklang, traurige Freiheit und Meer, stärker noch als das Meer, dessen lange blaue Schaufel zu unseren Füßen spielte.
Der Sommer sang, und fern von ihm schwamm dein Herz. Ich küßte deinen Mut, hörte den Aufruhr in dir. Bahn durch nichts als unendliche Wogen zu diesen hohen Schaumspitzen hin, wo Kräfte einander begegnen, mörderisch für die Hände, die unsere Häuser tragen. Wir waren nicht leichtgläubig, wir waren umringt.
Die Jahre vergingen. Die Stürme erstarben. Die Welt ging darüber hinweg. Schmerzlich empfand ich, daß gerade dein Herz mich nicht mehr wahrnahm. Ich liebte dich. Obwohl ich kein Gesicht hatte und leer war von Glück. Ich liebte dich, in allem wandelbar, dir aber treu.

DIE SORGUE

Lied für Yvonne

Fluß, zu früh und ohne Gefährten gingst du auf rastlose Wanderschaft,
Gib den Kindern meines Landes das Gesicht deiner Leidenschaft.

Fluß, für den Blitz das Ende, für mein Haus der Beginn,
Du spülst das Geröll meiner Vernunft an die Stufen der Vergessenheit hin.

Fluß, Erde ist Schauder in dir, Sonne Beklommenheit.
Daß jeder Arme in seiner Nacht aus deiner Ernte das Brot sich machte.

Fluß, viele Male gestraft, Fluß der Verkommenheit.

Rivière des apprentis à la calleuse condition,
Il n'est vent qui ne fléchisse à la crête de tes sillons.

Rivière de l'âme vide, de la guenille et du soupçon,
Du vieux malheur qui se dévide, de l'ormeau, de la compassion.

Rivière des farfelus, des fiévreux, des équarrisseurs,
Du soleil lâchant sa charrue pour s'acoquiner au menteur.

Rivière des meilleurs que soi, rivière des brouillards éclos,
De la lampe qui désaltère l'angoisse autour de son chapeau.

Rivière des égards au songe, rivière qui rouille le fer,
Où les étoiles ont cette ombre qu'elles refusent à la mer.

Rivière des pouvoirs transmis et du cri embouquant les eaux,
De l'ouragan qui mord la vigne et annonce le vin nouveau.

Rivière au cœur jamais détruit dans ce monde fou de prison,
Garde-nous violent et ami des abeilles de l'horizon.

LES PREMIERS INSTANTS

Nous regardions couler devant nous l'eau grandissante. Elle effaçait d'un coup la montagne, se chassant de ses flancs maternels. Ce n'était pas un torrent qui s'offrait à son destin mais une bête ineffable dont nous devenions la parole et la substance. Elle nous tenait amoureux sur l'arc

Fluß der Lehrlinge, du schwielig durchs Leben gehn,
Kein Wind kann ungebeugt vor dem Kamm deiner Furchen bestehn.

Fluß der Lumpen, des Argwohns und der verödeten Herzen,
Alten Unheilgespinstes, der Rüstern, gemeinsamer Schmerzen.

Fluß der Phantasten, der Fiebrigen, der Abdeckereien,
Der Sonne, die ihren Pflug fahren läßt, um sich dem Lügner zu weihen.

Fluß aller, die besser sind als sie selbst, Fluß, dem der Nebel entquillt,
Der Lampe, die um ihren Schirm alle Ängste stillt.

Fluß der Ehrfurcht vor Träumen, Wellen, die das Eisen zernagen,
Wo die Sterne den Schatten haben, den sie dem Meere versagen.

Fluß überlieferter Kräfte und des Schreis auf schmaler Flut,
Des Orkans, der die Rebe zerrt und verspricht: der Wein wird gut.

Fluß, dem die kerkerverrückte Welt nie das Herz brechen konnte,
Wild laß uns bleiben und freundlich den Bienen der Horizonte.

DIE ERSTEN AUGENBLICKE

Wir sahen das Wasser vor uns fluten und wachsen. Es verjagte sich selbst aus dem Mutterschoß, löschte jäh das Gebirge. Dies war kein Sturzbach, der seinem Schicksal sich stellte, sondern ein unnennbares Tier, dessen Wort und Substanz wir wurden. Es hielt uns fest, von Liebe gebannt, auf

tout-puissant de son imagination. Quelle intervention eût pu nous contraindre? La modicité quotidienne avait fui, le sang jeté était rendu à sa chaleur. Adoptés par l'ouvert, poncés jusqu'à l'invisible, nous étions une victoire qui ne prendrait jamais fin.

LE MARTINET

Martinet aux ailes trop larges, qui vire et crie sa joie autour de la maison. Tel est le cœur.

Il dessèche le tonnerre. Il sème dans le ciel serein. S'il touche au sol, il se déchire.

Sa répartie est l'hirondelle. Il déteste la familière. Que vaut dentelle de la tour?

Sa pause est au creux le plus sombre. Nul n'est plus à l'étroit que lui.

L'été de la longue clarté, il filera dans les ténèbres, par les persiennes de minuit.

Il n'est pas d'yeux pour le tenir. Il crie, c'est toute sa présence. Un mince fusil va l'abattre. Tel est le cœur.

MADELEINE À LA VEILLEUSE
par Georges de La Tour

Je voudrais aujourd'hui que l'herbe fût blanche pour fouler l'évidence de vous voir souffrir: je ne regarderais pas sous votre main si jeune la forme dure, sans crépi de la mort. Un jour discrétionnaire, d'autres pourtant moins avides

dem allmächtigen Bogen seiner Phantasie. Welcher Zwang hätte sich einmischen können? Die alltägliche Dürftigkeit war gewichen, das vergeudete Blut fand seine Wärme wieder. Kinder des Offnen, abgeschliffen bis zur Unsichtbarkeit, waren wir ein Sieg, der kein Ende mehr nahm.

DER TURMSEGLER

Turmsegler mit den zu großen Flügeln, der da kreist und schreit seine Freude rings um das Haus. So ist das Herz.

Er läßt den Donner verdorren. Er sät in den heiteren Himmel. Streift er den Boden, schlitzt er sich auf.

Sein Widerpart ist die Schwalbe. Er verabscheut die häusliche. Was gilt das schon: Filigran des Turms?

Er rastet in dunkelster Höhlung. Niemand hat es so eng wie er.

Im Sommer der langen Helle streicht er davon in die Finsternis durch die Fensterläden der Mitternacht.

Kein Auge vermag ihn zu halten. Er schreit, das ist sein ganzes Dasein. Ein schmales Gewehr streckt ihn nieder. So ist das Herz.

MADELEINE MIT DEM NACHTLICHT
von Georges de La Tour

Ich wünschte heute, das Gras wäre weiß, um die Sichtlichkeit deines Leidens niederzutreten. Ich möchte nicht unter deiner so jungen Hand die harte ungetünchte Form des Todes sehen. An einem beliebigen Tag werden andere, zwar weniger gierig

que moi, retireront votre chemise de toile, occuperont votre alcôve. Mais ils oublieront en partant de noyer la veilleuse et un peu d'huile se répandra par le poignard de la flamme sur l'impossible solution.

ALLÉGEANCE

Dans les rues de la ville il y a mon amour. Peu importe où il va dans le temps divisé. Il n'est plus mon amour, chacun peut lui parler. Il ne se souvient plus, qui au juste l'aima?

Il cherche son pareil dans le vœu des regards. L'espace qu'il parcourt est ma fidélité. Il dessine l'espoir et léger l'éconduit. Il est prépondérant sans qu'il y prenne part.

Je vis au fond de lui comme une épave heureuse. À son insu, ma solitude est son trésor. Dans le grand méridien où s'inscrit son essor, ma liberté le creuse.

Dans les rues de la ville il y a mon amour. Peu importe où il va dans le temps divisé. Il n'est plus mon amour, chacun peut lui parler. Il ne se souvient plus; qui au juste l'aima et l'éclaire de loin pour qu'il ne tombe pas?

als ich, dir dein Leinenhemd ausziehn, dein Bett in Besitz nehmen. Aber sie werden vergessen, im Fortgehn das Nachtlicht zu löschen, und der Dolch der Flamme wird etwas Öl vergießen auf die unmögliche Lösung.

LINDERUNG

Meine Liebe ist irgendwo in den Straßen der Stadt. Einerlei wo sie geht in der klaffenden Zeit. Sie war einmal mein, jetzt spricht jeder sie an. Schon weiß sie nicht mehr, wer sie eigentlich liebte.

Ihr Ebenbild sucht sie im Gelübde der Augen. Meine Treue ist der Raum, den ihr Schritt durchquert. Sie zeigt Hoffnungen auf, läßt sie leichthin vergehn. Sie ist überlegen und achtet es nicht.

Tief in ihr leb ich wie ein wunschloses Strandgut. Meine Einsamkeit ist ihr Reichtum, sie weiß es nicht. In dem großen Meridian, den ihr Aufflug beschreibt, schürft meine Freiheit nach ihr.

Meine Liebe ist irgendwo in den Straßen der Stadt. Einerlei wo sie geht in der klaffenden Zeit. Sie war einmal mein, jetzt spricht jeder sie an. Schon weiß sie nicht mehr, wer sie eigentlich liebte und von weitem ihr leuchtet, auf daß sie nicht falle.

Deutsch von Gerd Henniger

WANDERER IN DEN MORGEN

Les Matinaux (1947–1949)

APEMANTUS:	Where liest o'nights, Timon?
TIMON:	Under that's above me.
	Shakespeare »Timon of Athens«

DIVERGENCE

Le cheval à la tête étroite
A condamné son ennemi,
Le poète aux talons oisifs,
À de plus sévères zéphyrs
Que ceux qui courent dans sa voix.
La terre ruinée se reprend
Bien qu'un fer continu la blesse.

Rentrez aux fermes, gens patients;
Sur les amandiers au printemps
Ruissellent vieillesse et jeunesse.
La mort sourit au bord du temps
Qui lui donne quelque noblesse.
C'est sur les hauteurs de l'été
Que le poète se révolte,
Et du brasier de la récolte
Tire sa torche et sa folie.

JOUVENCE DES NÉVONS

> *Dans l'enceinte du parc, le grillon ne se tait que pour s'établir davantage.*

Dans le parc des Névons
Ceinturé de prairies,
Un ruisseau sans talus,
Un enfant sans ami
Nuancent leur tristesse
Et vivent mieux ainsi.

Dans le parc des Névons
Un rebelle s'est joint
Au ruisseau, à l'enfant,
À leur mirage enfin.

WEGSCHEIDE

Das Pferd mit dem schmalen Kopfe
Verurteilte seinen Feind,
Den Dichter mit müßigen Sporen,
Zu rauheren Zephiren,
Als sie seine Stimme durchwehn.
Die verwüstete Erde genest,
Ob stets die Eisen auch schrinnen.

Geduldige Bauern, geht heim;
Alter und Jugend rinnen
Im Lenz auf den Mandelbaum.
Es lächelt der Tod am Saum
Der Zeit, die ihm Adel verleiht.
Erst auf des Sommers Zinnen
Facht der Dichter den Aufruhr an
Und hebt aus den Erntefeuern
Seine Fackel und seinen Wahn.

KINDHEIT IN LES NÉVONS

> So weit der Park reicht, verstummt die Grille nur,
> wenn sie einen besseren Platz sucht.

Im Park von Les Névons,
Von Wiesen rings umraint,
Ein Bach, der ohne Böschung,
Ein Kind, das ohne Freund,
Sie dämpfen ihre Trauer
Und leben leichter so.

Im Park von Les Névons
Aufwuchs ein Rebell,
Für Bach und Kind und Traumbild
Ward er ein Spielgesell.

Dans le parc des Névons
Mortel serait l'été
Sans la voix d'un grillon
Qui, par instant, se tait.

QU'IL VIVE!

Ce pays n'est qu'un vœu de l'esprit, un contre-sépulcre.

Dans mon pays, les tendres preuves du printemps et les oiseaux mal habillés sont préférés aux buts lointains.

La vérité attend l'aurore à côté d'une bougie. Le verre de fenêtre est négligé. Qu'importe à l'attentif.

Dans mon pays, on ne questionne pas un homme ému.

Il n'y a pas d'ombre maligne sur la barque chavirée.

Bonjour à peine, est inconnu dans mon pays.

On n'emprunte que ce qui peut se rendre augmenté.

Il y a des feuilles, beaucoup de feuilles sur les arbres de mon pays. Les branches sont libres de n'avoir pas de fruits.

On ne croit pas à la bonne foi du vainqueur.

Dans mon pays, on remercie.

LA VÉRITÉ VOUS RENDRA LIBRES

Tu es lampe, tu es nuit;
Cette lucarne est pour ton regard,

Im Park von Les Névons
Brächt' uns der Sommer um,
Wär' nicht der Grillenton,
Der manchmal jäh verstummt.

ES LEBE!

Dies Land ist nur ein Wunsch im Geist, ein Gegen-Grab.

In meinem Land zieht man die zarten Beweise des Frühlings und die dürftig gekleideten Vögel den Fernzielen vor.

Die Wahrheit harrt der Morgenröte neben einer Kerze. Das Fensterglas ist trübe. Was kümmert's den Wachsamen.

In meinem Land stellt man einem Erschütterten keine Frage.

Kein hämischer Schatten fällt auf das gekenterte Boot.

Halbes Willkommen kennt man in meinem Land nicht.

Man leiht nur, was man vermehrt zurückgeben kann.

Blätter, viele Blätter haben die Bäume meines Landes. Den Ästen steht's frei, keine Früchte zu tragen.

Der Redlichkeit des Siegers traut man nicht.

In meinem Land sagt man Dank.

DIE WAHRHEIT WIRD EUCH BEFREIEN

Lampe bist du, bist Nacht;
Diese Luke nur bleibt deinem Blick,

Cette planche pour ta fatigue,
Ce peu d'eau pour ta soif,
Les murs entiers sont à celui que ta clarté met au monde,
Ô détenue, ô Mariée!

GRÈGE

La Fête, c'est le ciel d'un bleu belliqueux et à la même seconde le temps au précipité orageux. C'est un risque dont le regard nous suit et nous maintient, soit qu'il nous interpelle, soit qu'il se ravise. C'est le grand emportement contre un ordre avantageux pour en faire jaillir un amour ... Et sortir vainqueur de la Fête, c'est, lorsque cette main sur notre épaule nous murmure: »Pas si vite ...«, cette main dont l'équivoque s'efforce de retarder le retour à la mort, de se jeter dans l'irréalisable de la Fête.

ANOUKIS ET PLUS TARD JEANNE

Je te découvrirai à ceux que j'aime, comme un long éclair de chaleur, aussi inexplicablement que tu t'es montrée à moi, Jeanne, quand, un matin s'astreignant à ton dessein, tu nous menas de roc en roc jusqu'à cette fin de soi qu'on appelle un sommet. Le visage à demi masqué par ton bras replié, les doigts de ta main sollicitant ton épaule, tu nous offris, au terme de notre ascension, une ville, les souffrances et la qualification d'un génie, la surface égarée d'un désert, et le tournant circonspect d'un fleuve sur la rive duquel des bâtisseurs s'interrogeaient. Mais je te suis vite revenu, Faucille, car tu consumais ton offrande. Et ni le temps, ni la beauté, ni le hasard qui débride le cœur ne pouvaient se mesurer avec toi.

Dies Brett deiner Müdigkeit,
Dies Wasser, das wenige, deinem Durst,
Alle Mauern sind für den, dem dein Licht das Leben schenkt,
O du, Gefangne und Braut!

ROHSEIDE

Ein Himmel von streitbarem Blau und im selben Augenblick ein Unwetter mit stürmischem Niederschlag, das ist das Fest. Ein Wagnis, dessen Blick uns folgt und uns festhält, ob er uns nun zur Rede stellt oder auf anderes sinnt. Der große Zorn auf eine Ordnung, die dem Aufkeimen einer neuen Liebe gewogen ist . . . Und Sieger über das Fest werden, heißt, wenn diese Hand auf unsrer Schulter uns zuflüstert: »Nicht so eilig . . .«, diese Hand, deren Doppelsinn sich bemüht, die Heimkehr zum Tod zu verzögern, sich in das Unerreichbare des Festes stürzen.

ANOUKIS, SPÄTER JEANNE

Ich will dich denen, die ich liebe, entdecken, wie ein langes Wetterleuchten, so unerklärlich, wie du dich mir gezeigt hast, Jeanne, als du uns eines Morgens, wie es dein Schicksal war, von Felsblock zu Felsblock führtest bis hin zu jenem Unüberbietbaren, das man Gipfel nennt. Das Gesicht halb verhüllt von deinem gekrümmten Arm, mit den Fingern deiner Hand deine Schulter suchend, botest du uns am Ende unseres Aufstiegs eine Stadt, die Leiden und den Namen eines Genies, die wirre Fläche einer Wüste und die bedächtige Biegung eines Flusses, an dessen Ufer sich Baulustige berieten. Rasch aber wandte ich mich wieder dir zu, Sichel, denn deine Gabe wurde an dir zunichte. Und weder Zeit, noch Schönheit, noch der Zufall, der das Herz vom Zaum befreit, konnten sich mit dir messen.

J'ai ressuscité alors mon antique richesse, notre richesse à tous, et dominant ce que demain détruira, je me suis souvenu que tu étais Anoukis l'Étreigneuse, aussi fantastiquement que tu étais Jeanne, la sœur de mon meilleur ami, et aussi inexplicablement que tu étais l'Étrangère dans l'esprit de ce misérable carillonneur dont le père répétait autrefois que Van Gogh était fou.

Saint-Rémy-des-Alpilles, 18 septembre 1949.

LES LICHENS

Je marchais parmi les bosses d'une terre écurée, les haleines secrètes, les plantes sans mémoire. La montagne se levait, flacon empli d'ombre qu'étreignait par instant le geste de la soif. Ma trace, mon existence se perdaient. Ton visage glissait à reculons devant moi. Ce n'était qu'une tache à la recherche de l'abeille qui la ferait fleur et la dirait vivante. Nous allions nous séparer. Tu demeurerais sur le plateau des arômes et je pénétrerais dans le jardin du vide. Là, sous la sauvegarde des rochers, dans la plénitude du vent, je demanderais à la nuit véritable de disposer de mon sommeil pour accroître ton bonheur. Et tous les fruits t'appartiendraient.

JOUE ET DORS . . .

Joue et dors, bonne soif, nos oppresseurs ici ne sont pas sévères.
Volontiers ils plaisantent ou nous tiennent le bras
Pour traverser la périlleuse saison.
Sans doute, le poison s'est-il assoupi en eux,
Au point de desserrer leur barbare humeur.
Comme ils nous ont pourtant pourchassés jusqu'ici, ma soif,

Dann belebte ich neu meinen alten Reichtum, unsern Reichtum, der allen gehört, und Herr über das, was morgen zerstört sein wird, besann ich mich darauf, daß du Anoukis, die Umarmerin, bist, so unwirklich, wie du Jeanne bist, die Schwester meines besten Freundes, und so unerklärlich, wie du die Fremde bist im Geiste jenes elenden Glöckners, dessen Vater einst wieder und wieder betonte, van Gogh sei verrückt gewesen.

Saint-Rémy-des-Alpilles, 18. September 1949

STEINMOOSE

Ich wanderte zwischen den Höckern einer blankgescheuerten Erde, zwischen heimlichen Atemzügen, Pflanzen ohne Gedächtnis. Das Gebirge erhob sich, ein schattengefüllter Flacon, den sekundenlang die Gebärde des Durstes umklammerte. Meine Spur, mein Dasein verloren sich. Dein Gesicht, mir zugewandt, entglitt in die Ferne. Es war nur ein Schemen auf der Suche nach der Biene, die ihn zur Blume machen und lebendigsprechen sollte. Wir wollten uns voneinander trennen. Du würdest auf dem Hochland der Düfte bleiben, ich in den Garten der Leere eindringen. Dort, unterm Schutz der Felsen, in der Fülle des Windes, würde ich die wahrhaftige Nacht darum bitten, über meinen Schlaf zu verfügen, um dein Glück zu vermehren. Alle Früchte wären dann dein.

SPIELE UND SCHLAFE ...

Spiele und schlafe, guter Durst, unsre Unterdrücker hier sind nicht hart.
Gern scherzen sie oder nehmen uns beim Arm,
Wenn es durch die gefährliche Jahreszeit geht.
Sicher, das Gift ist in ihnen so schwach geworden,
Daß ihre barbarische Laune abklingt.
Trotzdem, mein Durst, wie haben sie uns vor sich hergejagt bis hierher

Et contraints à vivre dans l'abandon de notre amour réduit à une mortelle providence!
Aromates, est-ce pour vous? Ou toutes plantes qui luttez sous un mur de sécheresse, est-ce pour vous? Ou nuages au grand large, prenant congé de la colonne?
Dans l'immense, comment deviner?

Qu'entreprendre pour fausser compagnie à ces tyrans, ô mon amie?
Joue et dors, que je mesure bien nos chances.
Mais, si tu me viens en aide, je devrais t'entraîner avec moi, et je ne veux pas t'exposer.
Alors, restons encore ... Et qui pourrait nous dire lâches?

LES INVENTEURS

Ils sont venus, les forestiers de l'autre versant, les inconnus de nous, les rebelles à nos usages.
Ils sont venus nombreux.
Leur troupe est apparue à la ligne de partage des cèdres
Et du champ de la vieille moisson désormais irrigué et vert.
La longue marche les avait échauffés.
Leur casquette cassait sur leurs yeux et leur pied fourbu se posait dans le vague.
Ils nous ont aperçus et se sont arrêtés.
Visiblement ils ne présumaient pas nous trouver là,
Sur des terres faciles et des sillons bien clos,
Tout à fait insouciants d'une audience.
Nous avons levé le front et les avons encouragés.

Le plus disert s'est approché, puis un second tout aussi déraciné et lent.

Und uns gezwungen, in der Hingabe an unsere Liebe zu leben, die nur eine tödliche Vorsehung war!
Düfte, um euretwillen? Oder, ihr Pflanzen, die ihr euch abmüht unter einer Mauer aus Trockenheit, um euretwillen? Oder um der Wolken willen, allein weit und breit, geschieden von ihresgleichen?
Im Unermeßlichen, was heißt da enträtseln?

Was tun, um sich diesen Tyrannen zu entziehen, o meine Freundin?
Spiele und schlafe, daß ich unsre Aussichten wäge.
Doch wenn du mir zu Hilfe kommst, müßt' ich dich mit mir nehmen, und ich will dich nicht gefährden.
So laß uns noch bleiben . . . Und wer dürfte uns feige schelten?

DIE ERFINDER

Sie sind gekommen, die Förster vom anderen Abhang, die wir nicht kennen, die sich unsern Gebräuchen widersetzen.
Zahlreich sind sie gekommen.
Ihr Trupp ist erschienen auf der Trennungslinie zwischen den Zedern
Und dem Felde der alten Ernte, das nun bewässert wird und grünt.
Sie waren vom langen Marsch erhitzt.
Die Mütze hing ihnen schlapp über die Augen, und ihr müder Fuß tappte ins Leere.
Sie haben uns erblickt und sind stehengeblieben.
Sichtlich glaubten sie nicht, uns dort zu finden,
Auf leichtbebauten Äckern und wohlumschlossenen Furchen,
Ohne jeden Gedanken an solchen Besuch.
Wir haben die Stirn gehoben und sie ermutigt.

Der Redegewandteste ist herangetreten, dann ein andrer, genauso entwurzelt und träge.

Nous sommes venus, dirent-ils, vous prévenir de l'arrivée prochaine de l'ouragan, de votre implacable adversaire.
Pas plus que vous, nous ne le connaissons
Autrement que par des relations et des confidences d'ancêtres.
Mais pourquoi sommes-nous heureux incompréhensiblement devant vous et soudain pareils à des enfants?

Nous avons dit merci et les avons congédiés.
Mais auparavant ils ont bu, et leurs mains tremblaient, et leurs yeux riaient sur les bords.
Hommes d'arbres et de cognée, capables de tenir tête à quelque terreur, mais inaptes à conduire l'eau, à aligner des bâtisses, à les enduire de couleurs plaisantes,
Ils ignoreraient le jardin d'hiver et l'économie de la joie.

Certes, nous aurions pu les convaincre et les conquérir,
Car l'angoisse de l'ouragan est émouvante.
Qui, l'ouragan allait bientôt venir;
Mais cela valait-il la peine que l'on en parlât et qu'on dérangeât l'avenir?
Là où nous sommes, il n'y a pas de crainte urgente.

Sivergues, 30 septembre 1949

Wir sind gekommen, sagten sie, um euch zu warnen, daß nächstens der Orkan kommt, euer unversöhnlicher Widersacher.
Wie ihr kennen auch wir ihn nur
Durch das, was die Vorfahren uns erzählten und anvertrauten.
Doch warum sind wir vor euch so unbegreiflich glücklich und plötzlich wie Kinder?

Wir haben uns bedankt und sie gehen lassen.
Doch zuvor haben sie getrunken, und ihre Hände zitterten, und ihre Augen lachten über den vollen Gläsern.
Als Männer der Bäume, der Axt, die einem Schrecken schon die Stirn bieten können, und doch unfähig sind, des Wassers Lauf zu lenken, Bauten zu richten, sie mit freundlichen Farben zu tünchen,
Kennen sie wohl keine Wintergärten und nicht den rechten Gebrauch der Freude.

Sicher, wir hätten sie überzeugen und sie gewinnen können,
Denn die Angst vor dem Orkan geht ans Herz.
Ja, der Orkan sollte in Bälde kommen;
Aber war das der Mühe wert, davon zu reden und so die Zukunft zu stören?
Da, wo wir sind, gibt's keine Furcht, die drängt.

Sivergues, 30. September 1949

Deutsch von Jean-Pierre Wilhelm

DIE FELSWAND UND DIE WIESE

La paroi et la prairie (1950)

LASCAUX

I – HOMME-OISEAU MORT ET BISON MOURANT

Long corps qui eut l'enthousiasme exigeant,
A présent perpendiculaire à la Brute blessée.

O tué sans entrailles!
Tué par celle qui fut tout et, réconciliée, se meurt;
Lui, danseur d'abîme, esprit, toujours à naître,
Oiseau et fruit pervers des magies cruellement sauvé.

II – LES CERFS NOIRS

Les eaux parlaient à l'oreille du ciel.
Cerfs, vous avez franchi l'espace millénaire,
Des ténèbres du roc aux caresses de l'air.

Le chasseur qui vous pousse, le génie qui vous voit,
Que j'aime leur passion, de mon large rivage!
Et si j'avais leurs yeux, dans l'instant où j'espère?

III – LA BÊTE INNOMMABLE

La Bête innommable ferme la marche du gracieux troupeau, comme un cyclope bouffe.
Huit quolibets font sa parure, divisent sa folie.
La Bête rote dévotement dans l'air rustique.
Ses flancs bourrés et tombants sont douloureux, vont se vider de leur grossesse.
De sons sabot à ses vaines défenses, elle est enveloppée de fétidité.

LASCAUX

I – TOTER VOGELMENSCH UND STERBENDER BISON

Schlanker Leib, in dem herrisch Begeisterung wohnte,
Nunmehr senkrecht zur verwundeten Bestie.

O fühllos getöteter!
Von ihr getötet, die alles war und, wiederversöhnt, stirbt;
Er, Tänzer des Abgrunds, Geist, immer vor der Geburt,
Vogel und perverse Frucht der Magien, grausam gerettet.

II – DIE SCHWARZEN HIRSCHE

Die Wasser sprachen zum Ohre des Himmels.
Hirsche, ihr habt den tausendjährigen Raum übersprungen,
Vom Felsendunkel zum Kosen der Luft.

Der Jäger, der euch hetzt, der Genius, der euch sieht,
Wie ich ihre Leidenschaft liebe von meinem weiten Gestade!
Und hätte ich ihre Augen im Augenblick, da ich hoffe?

III – DAS UNNENNBARE TIER

Das unnennbare Tier beschließt den Zug der graziösen Herde
wie ein grotesker Zyklop.
Acht Späße bilden seinen Schmuck, zerteilen seine Verrückt-
heit.
Das Tier rülpst andächtig in die ländliche Luft.
Seine vollgestopften und fallenden Flanken sind schmerzvoll,
wollen sich der schwangeren Fülle entleeren.
Von seinem Huf bis zu seinen niechtigen Hörnern ist es
eingehüllt in Gestank.

Ainsi m'apparaît dans la frise de Lascaux, mère fantastiquement déguisée,
La Sagesse aux yeux pleins de larmes.

IV – JEUNE CHEVAL À LA CRINIÈRE VAPOREUSE

Que tu es beau, printemps, cheval,
Criblant le ciel de ta crinière,
Couvrant d'écume les roseaux!
Tout l'amour tient dans ton poitrail:
De la Dame blanche d'Afrique
À la Madeleine au miroir,
L'idole qui combat, la grâce que médite.

TRANSIR

Cette part jemais fixée, en nous sommeillante, d'ou jaillira DEMAIN LE MULTIPLE.
L'âge du renne, c'est-à-dire l'âge du souffle. Ô vitre, ô givre, nature conquise, dedans fleurie, dehors détruite!
Insouciants, nous exaltons et contrecarrons justement la nature et les hommes. Cependant, terreur, au-dessus de notre tête, le soleil entre dans le signe de ses ennemis.
La lutte contre la cruauté profane, hélas, vœu de fourmi ailée. Sera-t-elle notre novation?
Au soleil d'hiver quelques fagots noués et ma flamme au mur.
Terre où je m'endors, espace où je m'éveille, qui viendra quand vous me serez plus là? (que deviendrai-je *m'est d'une chaleur presque infinie).*

So erscheint mir auf dem Fries von Lascaux, Mutter,
phantastisch vermummt,
Die Weisheit mit Augen voll Tränen.

IV – JUNGES PFERD MIT DAMPFENDER MÄHNE

Schön bist du, Frühling, Pferd,
Wie du den Himmel mit deiner Mähne besäst,
Das Röhricht mit Schaum bedeckst!
Alle Liebe liegt in deinem Bug:
Von der weißen Dame Afrikas
Zur Magdalena mit dem Spiegel,
Das Idol, das kämpft, die Anmut, die meditiert.

ERSTARREN

Dieser nie greifbare Teil, der in uns schlummert, dem MORGEN DIE VIELFALT entspringen wird.
Zeitalter des Rens, das heißt Zeitalter des Hauchs. O Fenster, o Rauhreif, bezwungne Natur, blühend im Innern, außen zerstört!
Wir Sorglosen preisen und bestreiten gerade die Natur und die Menschen. Indessen tritt, Terror uns überm Haupte, die Sonne ins Zeichen ihrer Feinde.
Der Kampf gegen die profane Grausamkeit, leider, Wunsch geflügelter Ameisen. Wird er unsere Erneuerung sein?
In der Wintersonne ein paar Reisigbündel und auf der Wand mein Feuer.
Erde, auf der ich einschlafe, Raum, in dem ich erwache, *wer* wird dann kommen, wenn ihr nicht mehr seid? *(Was werde ich sein* ist für mich von fast unendlicher Wärme.)

QUATRE FASCINANTS

I – LE TAUREAU

Il ne fait jamais nuit quand tu meurs,
Cerné de ténèbres qui crient,
Soleil aux deux pointes semblables.

Fauve d'amour, vérité dans l'épée;
Couple qui se poignarde unique parmi tous.

II – LA TRUITE

Rives qui croulez en parure
Afin d'emplir tout le miroir,
Gravier où balbutie la barque
Que le courant presse et retrousse,
Herbe, herbe toujours étirée,
Herbe, herbe jamais en répit,
Que devient votre créature
Dans les orages transparents
Qù son cœur la précipita?

III – LE SERPENT

Prince des contresens, fasses que mon amour
En exil analogue à ton bannissement
Échappe aux vieux Seigneur que je hais d'avoir pu,
Après l'avoir troublé, en clair le décevoir.

Revanche à tes couleurs, débonnaire serpent,
Sous le couvert du bois et en toute maison.
Par le lien qui unit la lumière à la peur,
Tu fais semblant de fuir, ô serpent marginal!

QUATRE FASCINANTS

I – DER STIER

Niemals ist Nacht, wenn du stirbst,
Umringt von heulendem Dunkel,
Du Sonne mit Zwillingsspitzen.

Liebesraubtier, Wahrheit im Schwert,
Paar, sich durchbohrend, einzig unter allen.

II – DIE FORELLE

Ufer, ihr sinkt ein unterm Schmuck,
Um den ganzen Spiegel zu füllen,
Kies, wo die Barke stammelt,
Von der Strömung bedrängt und geschürzt,
Halme, Halme, immer gereckt,
Halme, Halme, stets ohne Rast,
Was wird aus eurem Geschöpf
In den glasigen Gewittern,
Zu denen sein Herz es hinriß?

III – DIE SCHLANGE

Fürstin des Widersinns, laß mein Lieben,
Das wie du in Bann getan,
Dem alten Herrgott entrinnen, verhaßt mir,
Da ich erst ihn verwirren, dann täuschen konnte.

Vergeltung deinen Farben, milde Schlange,
Im Schutz des Waldes und in jedem Haus.
Durch das Band zwischen Licht und Angst
Täuschst du Flucht vor, randwärtige Schlange!

IV – L'ALOUETTE

Extrême braise du ciel et première ardeur du jour,
Elle reste sertie dans l'aurore et chante la terre agitée,
Carillon maître de son haleine et libre de sa route.

Fascinante, on la tue en l'émerveillant.

LA MINUTIEUSE

L'inondation s'agrandissait. La campagne rase, les talus, les menus arbres désunis les uns des autres s'enfermaient dans des flaques dont quelques-unes en se joignant devenaient lac. Une alouette au ciel trop gris chantait. Des bulles çà et là brisaient la surface des eaux à moins que ce ne fût quelque minuscule rongeur ou serpent s'échappant à la nage. La route encore restait intacte. Les abords d'un village se montraient. Résolus et heureux nous avancions. Dans notre errance il faisait beau. Je marchais entre Toi et cette Autre qui était Toi aussi. Dans chacune de mes mains je tenais serré votre sein nu. Des villageois sur le pas de leur porte ou occupés à quelque besogne de planche nous saluaient avec faveur. Mes doigts leur cachaient votre merveille. En eussent-ils été choqués? L'une de vous s'arrêta pour causer et pour sourire. Nous continuâmes. J'avais désormais la nature à ma droite et devant moi la route. Un bœuf au loin, en son milieu, nous précédait. La lyre de ses cornes, il me parut, tremblait. Je t'aimais. Mais je reprochais à celle qui était demeurée en chemin, parmi les habitants des maisons, de se montrer trop familière. Certes, elle ne pouvait figurer parmi nous que ton enfance attardée. Je me rendis à l'évidence. Au village la retiendraient l'école et cette façon qu'ont les communautés

IV – DIE LERCHE

Äußerste Glut des Himmels und erste Hitze des Tages,
Kleinod ins Frühlicht gefaßt, besingt sie die rastlose Welt,
Glockenspiel, Herr ihres Atems und frei im Fluge.

Die bezaubernd uns bannt, wird durch Blendwerk erlegt.

DIE MINUZIÖSE

Die Überschwemmung schwoll an. Das flache Feld, die Böschungen, die vereinzelten kleinen Bäume wurden von Lachen umschlossen, von denen einige sich zu Seen verbanden. Am zu grauen Himmel sang eine Lerche. Hier und da durchbrachen Blasen die Oberfläche der Wasser, wenn es nicht irgendein winziges Nagetier war oder eine Schlange, die schnell davonschwamm. Die Straße blieb noch intakt. Der Rand eines Dorfes wurde sichtbar. Entschlossen und glücklich schritten wir vorwärts. Wir hatten schönes Wetter auf unserer Wanderung. Ich ging zwischen dir und dieser anderen, die auch du war. Mit jeder Hand hielt ich eure nackte Brust umschlossen. Die Bauern, die auf ihrer Türschwelle standen oder irgendeine Arbeit an Brettern ausführten, grüßten uns freundlich. Meine Finger verbargen ihnen eure Kostbarkeit. Hätten sie daran Anstoß genommen? Die eine von euch blieb stehen, um zu plaudern und zu lächeln. Wir gingen weiter. Ich hatte von nun an die Natur mir zur Rechten und vor mir die Straße. Mitten auf ihr, weit vor uns, ging ein Rind. Die Lyra seiner Hörner zitterte, wie mir schien. Ich liebte dich. Aber ich war voller Vorwurf gegen die auf dem Wege Zurückgebliebene, daß sie sich zu vertraulich zeigte mit den Dorfbewohnern. Gewiß, sie konnte unter uns nur deine verspätete Kindheit bedeuten. Ich gab mich darein. Was sie im Dorfe

aguerries de temporiser avec le danger. Même celui d'inondation. Maintenant, nous avions atteint l'orée de très vieux arbres et la solitude des souvenirs. Je voulus m'enquérir de ton nom éternel et chéri que mon âme avait oublié: ›Je suis la Minutieuse.‹ La beauté des eaux profondes nous endormit.

zurückhielt, war die Schule und die abgestumpfte Art gewisser Gemeinden, die Gefahr auf sich zukommen zu lassen. Selbst die der Überschwemmung. Jetzt hatten wir den Wald mit seinen uralten Bäumen erreicht und die Einsamkeit der Erinnerungen. Ich wollte nach deinem ewigen und geliebten Namen fragen, den meine Seele vergessen hatte: »Ich bin die Minuziöse.« Die Schönheit der tiefen Wasser schläferte uns ein.

Deutsch von Paul Celan

EINER HARSCHEN HEITERKEIT

A une sérénité crispée (1951)

Wir sind an diesem Tage dem Unheil so nahe, wie es selbst die Sturmglocke nicht ist. Höchste Zeit also, daß wir uns eine Unglücks-Gesundheit zurechtbauen. Selbst wenn sie nach außen hin das Anmaßende des Wunders haben sollte.

Nous sommes, ce jour, plus près du sinistre que le tocsin lui-même, c'est pourquoi il est grand temps de nous composer une santé du malheur. Dût-elle avoir l'apparence de l'arrogance du miracle.

Produire (travailler) selon les lois de l'utilité, mais que cet utile ne serve à travers tous qu'à la personne de la poésie. (Valable pour un, un *encore,* un *ensuite,* un *tout seul ... Ah! s'efforcer ici de n'être pas* nouveau – *fameux* – *mais de retoucher au même fer pour s'assurer de son regain guérisseur.)*

Seule est émouvante l'orée de la connaissance. (Une intimité trop persistante avec l'astre, les commodités sont mortelles.)

Il fallait boire, Narcisse, et ne pas te mirer. Tu risquais davantage: je serais resté beau!

Aucun oiseau n'a le cœur de chanter dans un buisson de questions.

L'essentiel est sans cesse menacé par l'insignifiant.
Cycle bas.

L'acte poignant et si grave d'écrire quand l'angoisse se soulève sur un coude pour observer et que notre bonheur s'engage nu dans le vent du chemin.

Toute association de mots encourage son démenti, court le soupçon d'imposture. La tâche de la poésie, à travers son œil et sur la langue de son palais, est de faire disparaître cette aliénation en la prouvant dérisoire.

Si diabolique est notre condition que tout être en trompe un autre. Souvent irresponsablement, parfois en l'aimant

Beim Produzieren (Arbeiten) auf die Gesetze der Nützlichkeit achten, doch so, daß dieses Nützliche durch einen jeden hindurch der Person der Dichtung diene. (Gültig für *einen*, abermals *einen*, *einen* weiteren, für *einen* und nur diesen ... Nicht *neu*, nicht vielberufen sein wollen, sondern wieder und wieder an dasselbe Eisen rühren und sich seiner heilkräftigen Wiederbelebung vergewissern.)

Ergreifend ist die Erkenntnis nur an ihrem Saum. (Die allzu lange währende Vertrautheit mit dem Gestirn, der bequeme Umgang mit ihm –: all das ist tödlich.)

Auf das Trinken kam es an, Narziß, nicht aufs Dichspiegeln. Denn damit hättest du Größeres gewagt: *Ich wäre schön geblieben!*

Kein Vogel, der singen möchte in einem Gebüsch von Fragen.

Das Wesentliche wird unablässig vom Belanglosen bedroht. Niederer Kreislauf.

Das Aufwühlende, so ungemein Schwerwiegende beim Schreiben, wenn die Angst, auf den Tisch gestützt, uns beobachtet und unser Glück sich nackt auf den Weg macht, umweht vom Wind dieses Weges.

Eine jede Verknüpfung von Worten regt dazu an, sie Lügen zu strafen, eine jede setzt sich dem Verdacht der Vorspiegelung falscher Tatsachen aus. Es ist die Aufgabe der Dichtung, durch ihr Auge blicken und mit ihrer Zunge schmecken zu lassen, damit diese sich als nichtig erweisende Entfremdung in Nichts zerrinnt.

So teuflisch ist es um uns bestellt, daß ein jeder einen andern hinters Licht führt. Nicht selten, ohne daß er etwas dafür kann, mitunter sogar in aller Liebe zu diesem andern. Zumeist aus einem normalen Selbsterhaltungstrieb heraus, oder

même. Dans la plupart des cas, par un réflexe normal de conservation, ou de soi, ou de l'autre.

Un grand poète se remarque à la quantité de pages insignifiantes qu'il n'écrit pas. Il a toutes les rues de la vie oublieuse pour distribuer ses moyennes aumônes et cracher le petit sang dont il ne meurt pas.

Il est évident que l'abus du langage ne détache que du langage. Il n'affecte pas le bien-fondé des actes qu'il prétend nommer.

Décide seul de la tactique. Ne te confie qu'à ton sérieux.

Les jours de pluie nettoie ton fusil. (Entretenir l'arme, la chose, le mot? Savoir distinguer la liberté du mensonge, le feu du feu criminel.)

L'obsession de la moisson et l'indifférence à l'Histoire sont les deux extrémités de mon arc.

Au centre de la poésie, un contradicteur t'attend. C'est ton souverain. Lutte loyalement contre lui.

Au pied du jour, il y a toute une haïssable vanité qui ne veut rien devoir au jour et qui juge l'obscur indigne de son commerce! Ces personnes sont légion depuis le chant du cygne des présocratiques.

Émerge autant que possible à ta propre surface. Que le risque soit ta clarté. Comme un vieux rire. Dans une entière modestie.

aber aus einem ebensolchen Reflex im Hinblick auf die Erhaltung des andern.

Den bedeutenden Dichter erkennt man an der Summe der belanglosen Seiten, die er ungeschrieben läßt. Seine Alltagsalmosen auszuteilen und all die Blutklümpchen auszuhusten, an denen er nicht zugrunde geht: dazu bieten sich ihm ja sämtliche Gassen des vergeßlichen Lebens an.

Mißbrauch der Sprache löst, darüber besteht kein Zweifel, bloß die Bindung zur Sprache. Das Wohlbegründete der Handlungen, die er zu nennen vorgibt, wird dadurch in keiner Weise affiziert.

Entscheide ganz allein über die Taktik. Mache niemand außer deinem Ernst zum Mitwisser.

An Regentagen reinige deine Flinte. (Die Waffe instand halten, das Ding, das Wort? Zu unterscheiden wissen zwischen Freiheit und Lüge, zwischen Feuer und mörderischem Brand.)

Die beiden Enden meines Bogens: der immerfort sich aufdrängende Gedanke an die Ernte und die Gleichgültigkeit gegen die Geschichte.

Im Innersten der Dichtung erwartet dich ein wider dich Sprechender. Du bist ihm untertan. Bekämpfe ihn mit ehrlichen Waffen.

All die hassenswerte Eitelkeit, wenn es zu tagen beginnt! Dem Hellen will sie nichts zu verdanken haben, und mit dem Dunklen umzugehen findet sie unter ihrer Würde. Seit dem Schwanengesang der Vorsokratiker sind solche Gestalten Legion.

Tauche so weit als möglich zu deiner Außenfläche empor. Das Wagnis sei dir die Klarheit. Wie ein altes, weitgereistes Lachen. In völliger Bescheidenheit.

La créature empirique qui nous conduit là-bas où nous ne désirons pas aller, où nous nous sommes déjà imaginairement aventurés, nous passe positivement ses transes. Incompatibilité des visionnaires.

La perte du croyant, c'est de rencontrer son église. Pour notre dommage, car il ne sera plus désormais fraternel par le fond.

Comment agressé de toutes parts, croqué, haï, roué, arrivons-nous cependant à jouir debout, debout, debout, avec notre exécration, avec nos reins?

Tant de mots sont synonymes d'adieu, tant de visages n'ont pas d'équivalent.

L'expérience que la vie dément, celle que le poète préfère.

Bien qu'elle affecte d'avancer à coup d'excès, l'Histoire adore la modération, c'est pourquoi l'Histoire est trouble, non troublante.

S'il n'y avait pas d'objections, il n'y aurait pas de chemin, pas de restes abandonnés, pas de poursuite, pas d'alarme, et, après bien des déconvenues, il n'y aurait pas ton sourire.

J'ai cherché dans mon encre ce qui ne pouvait être quêté: la tache pure au delà de l'écriture souillée.

Dans le tissu du poème doit se retrouver un nombre égal de tunnels dérobés, de chambres d'harmonie, en même temps que d'éléments futurs, de havres au soleil, de pistes

Die empirische Kreatur, die uns geleitet, wohin wir nicht zu gehen begehren, wohin wir uns mit unserer Phantasie schon vorgewagt haben, – diese Kreatur überträgt offensichtlich ihre Schauder und Bangigkeiten auf uns. Unvereinbarkeit der Visionäre.

Das Verhängnis des Gläubigen ist die Begegnung mit seiner Kirche. Uns zum Nachteil, denn von nun an wird er nie wieder *vom Grunde her* brüderlich sein.

Angefallen von allen Seiten, zerbissen, gehaßt und gerädert, bringen wir es dennoch zuwege, stehend, ja aufrecht und stehend zu schwelgen, mit unserer Erbärmlichkeit, mit unseren Lenden –: wieso nur?

So viele Worte, die sinnverwandt sind mit Abschied, so viele Gesichter, die nicht ihresgleichen haben.

Die Erfahrung, die vom Leben Lügen gestraft wird: diejenige, die der Dichter bevorzugt.

Die Geschichte, mag sie sich auch den Anschein geben, als brächten Exzesse sie voran, sie liebt nichts so sehr wie die Mäßigung. Daher ist die Geschichte wirr, nicht verwirrend.

Gäbe es keine Einwürfe, es gäbe auch keinen Weg, es gäbe nichts Übriggelassenes, keine Verfolgung und kein Aufgeschrecktwerden, es gäbe, nach mancherlei Mißgeschick, auch dies nicht: dein Lächeln.

Ich habe meine Tinte durchforscht nach dem Unaufsuchbaren: nach dem reinen Fleck jenseits der befleckten Schrift.

Das Gewebe des Gedichts muß ebenso viele versteckte Durchgänge und Harmoniekammern aufweisen als Elemente des Künftigen, sonnenüberglänzte Länden, verfängliche Bahnen

captieuses et d'existants s'entr'appelant. Le poète est le passeur de tout cela qui forme un ordre. Et un ordre insurgé.

A***

Tu es mon amour depuis tant d'années,
Mon vertige devant tant d'attente,
Que rien ne peut vieillir, froidir;
Même ce qui attendait notre mort,
Ou lentement sut nous combattre,
Même ce qui nous est étranger,
Et mes éclipses et mes retours.

Fermée comme un volet de buis,
Une extrême chance compacte
Est notre chaîne de montagnes,
Notre comprimante splendeur.
Je dis chance, ô ma martelée;

Chacun de nous peut recevoir
La part de mystère de l'autre
Sans en répandre le secret;
Et la douleur qui vient d'ailleurs
Trouve enfin sa séparation
Dans la chair de notre unité,
Trouve enfin sa route solaire
Au centre de notre nuée
Qu'elle déchire et recommence.

Je dis chance comme je les sens.
Tu as élevé le sommet
Que devra franchir mon attente
Quand demain disparaîtra.

(1948–1950)

und einander anrufende Existierende. All das wird vom Dichter übergesetzt, all das bildet eine Ordnung. Und zwar eine aufständische.

AN***

Alle die Jahre, und du: meine Liebe, all diese Jahre hindurch.
All das Warten, und du: mein Schwindligwerden davor:
Es ist nichts, das da altern, nichts, das erkalten kann,
Nicht, was da wartete, daß unser Tod kam,
Nicht, was uns kunstreich befehdete, langsam,
Nicht, was uns fremd bleibt, nicht
Mein Fortsein, nicht mein Wiederkommen.

Geschlossen, ein Fensterladen aus Buchs;
Eine letzte, geballte Gunst:
Die Kette unserer Berge,
Unser beengender Glanz.
Ich rede von Gunst und von Glück, du von Hämmern Getroffne.

Was im andern geheim ist, ein jeder
Von uns kann's empfangen,
Und nichts davon geht verloren.
Und der Schmerz von anderswo:
Im Fleisch unsres Einsseins
Löst er sich endlich los,
Er zerreißt das Gewölk, das wir sind,
Er bildet es neu, er findet
Zutiefst darin, in der Mitte,
Die eigene Sonnenbahn.

Wie ich's fühl, so sag ich's: Glück.
Du triebst den Gipfel empor,
Über den mein Warten hinwegmuß,
Wenn morgen kein Morgen mehr ist.

(1948–1950)

Deutsch von Jean-Pierre Wilhelm

Lettera amorosa (1952)

Nichts an dir, das mich nicht anzöge mit unbesiegbarer Liebeskraft.

Claudio Monteverdi

Il n'y a pas une part de vous qui ne m'attire avec une force invincible d'amour.

Claudio Monteverdi

Je sens que ce pays te doit une émotivité moins défiante et des yeux autres que ceux à travers lesquels il considérait toutes choses auparavant. Tu es partie mais tu demeures dans l'inflexion des circonstances, puisque lui et moi avons mal. Pour te rassurer dans ma pensée, j'ai rompu avec les visiteurs éventuels, avec les besognes et la contradiction. Je me repose comme tu assures que je dois le faire. Je vais souvent à la montagne dormir. C'est alors, en vérité, qu'avec l'aide d'une nature à présent favorable, je m'évade des échardes enfoncées dans ma chair, vieux accidents, âpres tournois.

CHANT D'INSOMNIE

»Amour hélant, l'Amoureuse viendra,
Gloria de l'été, ô fruits!
La flèche du soleil traversera ses lèvres,
Le trèfle nu sur sa chair bouclera,
Miniature semblable à l'iris, l'orchidée,
Cadeau le plus ancien des prairies au plaisir
Que la cascade instille, que la bouche délivre.«

Presque j'écrirais sur le dos du temps. Il est doux et maniable, lent et craquant. L'automne! Le parc compte ses arbres bien distincts les uns des autres. Celui-ci est roux traditionnellement. Cet autre s'attarde au gris. Ce dernier est une bouillie d'épines. Le rouge-gorge est arrivé, le gentil luthier des campagnes. Les gouttes de son chant s'égrènent sur le carreau de la fenêtre. Dans l'herbe de la pelouse, les magiques assassinats d'insectes, d'animaux se perpètrent. Écoute, mais n'entends pas.

Je ne puis être et ne veux vivre que dans l'espace et dans la liberté de mon amour. Nous ne sommes pas ensemble le produit d'une capitulation, ni le motif d'une servitude plus

Ich fühle, daß dieses Land dir die Minderung seines argwöhnischen Empfindens verdankt und andere Augen als die, mit denen es vorher alles betrachtet hat. Fort bist du, doch du verharrst im wogenden Gang der Verhältnisse, da wir Schmerz verspüren, das Land und ich. Um dich in meinem Geist zu beschwichtigen, habe ich mit etwaigen Besuchern gebrochen, mit der Geschäftigkeit und dem Widerspruch. Ich ruhe aus, da du versicherst, ich solle es tun. Oft gehe ich ins Gebirge zum Schlafen. Dann entrinne ich wahrhaft dank einer nunmehr gnädigen Natur den Splittern in meinem Fleisch von alten Verwundungen, erbitterten Kämpfen.

SCHLAFLOSIGKEITSGESANG

»Beim Liebesanruf wird die Liebende kommen,
Sommerglorie, o Früchte!
Der Sonnenpfeil durchbohrt ihre Lippen,
Der nackte Klee kräuselt sich auf ihrem Fleisch,
Miniatur der Iris gleich, Orchidee,
Älteste Gabe der Wiesen an die Lust,
Vom Wasserfall eingesprüht, vom Munde erlöst.«

Fast schriebe ich auf den Rücken der Zeit. Sie ist sanft und gefügig, träge und knirschend. Der Herbst! Der Park zählt seine streng voneinander abgesetzten Bäume. Jener ist rostrot von alters her. Ein anderer säumt im Grau. Der letzte ist ein Dornenbrei. Das Rotkehlchen ist gekommen, der liebe Lautenbauer des Landes. Die Tropfen seines Gesanges rinnen perlend über die Fensterscheibe. Im Wiesengras werden magische Morde von Insekten, von Tieren begangen. Horche, doch höre nicht.

Sein kann ich und leben will ich nur im Raum und in der Freiheit meiner Liebe. Wir bilden vereint nicht das Ergebnis einer Kapitulation noch den Anlaß zu einer weit drückenderen

déprimante encore. Aussi menons-nous malicieusement l'un contre l'autre une guérilla sans reproche.

Je goûte mon bonheur en aveugle, par-dessous l'indignation des gens.

Notre arche à tous, la très parfaite, naufrage à l'instant de son pavois, coulée bas par son radieux mais indigeste chargement. Dans ses débris et sa poussière, l'homme à tête de nouveau-né réapparaît. Il est déjà mi-liquide, mi-fleur.

S'il n'y avait sur terre uniquement que nous, mon amour, nous serions sans complices et sans alliés. Avant-coureurs candides ou survivants hébétés.

Merci d'être, sans jamais te casser, iris, ma fleur de gravité. Tu élèves, au bord des eaux, des affections miraculeuses, tu ne pèses pas sur les mourants que tu veilles, tu éteins des plaies sur lesquelles le temps n'a pas d'action, tu ne conduis pas à une maison consternante, tu permets que toutes les fenêtres reflétées ne fassent qu'un seul visage de passion, tu accompagnes le retour du jour sur les vertes avenues libres.

Knechtschaft. Daher führen wir mutwillig gegeneinander einen Guerillakrieg ohne Tadel.

Blindlings genieße ich mein Glück unter der Entrüstung der Leute.

Unser aller Arche, die höchst vollkommene, leidet Schiffbruch, sobald der Wimpelschmuck gehißt wird; ihre prächtige aber bedrückende Ladung zieht sie auf den Grund. Aus ihren Trümmern und ihrem Staub wiederersteht der Mensch mit dem Kopf eines Neugeborenen. Schon ist er halb flüssig, halb Blume.

Gäbe es auf Erden uns nur allein, Geliebte, wir wären ohne Mithelfer und ohne Verbündete. Arglose Vorläufer oder stumpfe Überlebende.

Dank sei dir, Iris, daß du, ohne je zu brechen, meine Blume der Gewichtigkeit bist. Du errichtest am Rand der Gewässer wundersame Liebe, du lastest nicht auf den Sterbenden, über die du wachst, du beschwichtigst Wunden, auf welche die Zeit nicht einwirken kann, du führst nicht zu einem bestürzenden Haus, du läßt zu, daß alle widergespiegelten Fenster nur ein einziges Antlitz der Leidenschaft werden, du begleitest die Rückkehr des Tages auf den grünen Straßen der Freiheit.

Deutsch von Gerd Henniger

DER REISIGWALL

Le rempart de brindilles (1952)

LE REMPART DE BRINDILLES

À Yves Battistini

Le dessein de la poésie étant de nous rendre souverains en nous impersonnalisant, nous touchons, grâce au poème, à la plénitude de ce qui n'était qu'esquissé ou déformé par les vantardises de l'individu.
Les poèmes sont des bouts d'existence incorruptibles que nous lançons à la gueule répugnante de la mort, mais assez haut pour que, ricochant sur elle, ils tombent dans le monde nominateur de l'unité.

Nous sommes déroutés et sans rêve. Mais il y a toujours une bougie qui danse dans notre main. Ainsi l'ombre où nous entrons est notre sommeil futur sans cesse raccourci.

Lorsque nous sommes aptes à monter à l'aide de l'échelle naturelle vers quelque sommet initiant, nous laissons en bas les échelons du bas; mais quand nous redescendons, nous faisons glisser avec nous tous les échelons du sommet. Nous enfouissons ce pinacle dans notre fonds le plus rare et le mieux défendu, au-dessous de l'échelon dernier, mais avec plus d'acquisitions et de richesses encore que notre aventure n'en avait rapporté de l'extrémité de la tremblante échelle.

Ne cherche pas les limites de la mer. Tu les détiens. Elles te sont offertes au même instant que ta vie évaporée. Le sentiment, comme tu sais, est enfant de la matière; il est son regard admirablement nuancé.

Jeunes hommes, préférez la rosée des femmes, leur cruauté lunatique, à laquelle votre violence et votre amour pourront riposter, à l'encre inanimée des meurtriers de plume.

DER REISIGWALL

Für Yves Battistini

Da es das Ziel der Dichtung ist, uns Souveränität zu gewähren, indem sie uns persönlich macht, rühren wir, dank des Gedichts, an die Fülle dessen, was durch die Großspurigkeit des Individuums nur flüchtig entworfen oder aber entstellt worden war.
Gedichte sind unverwesliche Brocken Existenz, die wir dem Tod in den scheußlichen Rachen werfen, hoch genug immerhin, daß sie, an ihm abprallend, in die einheitstiftende Welt fallen.

Wir sind vom Wege abgeirrt und ohne Traum. Doch immer gibt es eine Kerze, die tanzt in unserer Hand. So ist der Schatten, in den wir eintreten, unser künftiger, unaufhörlich verkürzter Schlaf.

Wenn wir imstande sind, mit Hilfe der natürlichen Stufenleiter zu einem Gipfel aufzusteigen, der Weihe schenkt, so lassen wir die Stufen der Tiefe unter uns zurück; steigen wir aber wieder hinab, so lassen wir alle Stufen des Gipfels mit uns hinabgleiten. Wir bergen diese Zinne im Seltensten und Bestverteidigten tief in uns, noch unter der letzten Stufe, aber vereint mit mehr Reichtümern und Gewinn, als unser Abenteuer von der äußersten Spitze der zitternden Leiter heimgetragen hatte.

Suche nicht nach den Grenzen des Meeres. Du hast sie in der Hand. Sie werden dir im gleichen Augenblick geschenkt wie dein ungreifbares Leben. Das Gefühl ist, wie du weißt, Kind der Materie, ist ihr wunderbar zart abgestimmter Blick.

Junge Männer, schätzt den Tau der Frauen, ihre mondene Grausamkeit, die euer Ungestüm und eure Liebe parieren können, höher als die seelenlose Tinte der Schreibtisch-

Tenez-vous plutôt, rapides poissons musclés, dans la cascade.

Nous vivons collés à la poitrine d'une horloge qui, désemparée, regarde finir et commencer la course du soleil. Mais elle courbera le temps, liera la terre à nous; et cela est notre succès.

Si la tempête en permanence brûle mes côtes, mon onde au large est profonde, complexe, prestigieuse. Je n'attends rien de fini, j'accepte de godiller entre deux dimensions inégales. Pourtant mes repères sont de plomb, non de liège, ma trace est de sel, non de fumée.

Échapper à la honteuse contrainte du choix entre l'obéissance et la démence, esquiver l'abat de la hache sans cesse revenante du despote contre laquelle nous sommes sans moyens de protection, quoique étant aux prises sans trêve, voilà notre rôle, notre destination, et notre dandinement justifiés. Il nous faut franchir la clôture du pire, faire la course périlleuse, encore chasser au delà, tailler en pièces l'inique, enfin disparaître sans trop de pacotilles sur soi. Un faible remerciement donné ou entendu, rien d'autre.

Combien s'imaginent porter la terre et exprimer le monde, qui trépignent de ne pouvoir s'informer mielleusement de leur destin auprès de la Pythie.

Je crois en Lui: il n'est pas.
Je ne m'en rapporte pas à lui: est-Il?

Principe de tout avancement, de tout dégagement. Nuit ouverte et glacée! Ah! fin de la chaîne des démentis.
(La quête d'un grand Être, n'est-ce qu'une pression de doigt du présent entravé sur l'avenir en liberté? Les lende-

mörder. Bleibt lieber, rasche kraftvolle Fische, in der Kaskade.

Wir leben Brust an Brust mit einer Turmuhr, die ratlos dem Ende und Neubeginn der Sonnenbahn zuschaut. Doch wird sie die Zeit beugen, uns die Erde verbünden; und dies ist unser Erfolg.

Wenn der nicht endende Sturm meine Ufer wundpeitscht, so ist doch meine Woge draußen tiefgründig, umfassend, bestrickend. Ich erwarte nichts *Endgültiges*, ich bin damit einverstanden, daß ich zwischen zwei ungleichen Dimensionen hin- und herpendeln muß. Trotzdem sind meine Wassermarken aus Blei, nicht aus Kork, meine Spur ist aus Salz, nicht aus Rauch.

Dem schmählichen Zwang einer Wahl zwischen Gehorsam und Wahnsinn entrinnen, dem pausenlos niederfahrenden Beil des Tyrannen ausweichen, vor dem wir, zwar ohne Rast kämpfend, dennoch schutzlos sind, das ist unsre unanfechtbare Rolle, Bestimmung und Unsicherheit. Wir müssen das Gehege des Schlimmsten überspringen, die gefährliche Bahn durchlaufen, noch übers Ziel hinausgehen und schließlich verschwinden ohne viel Gepäck. Ein schwacher Dank, erstattet oder empfangen, weiter nichts.

Wie viele bilden sich ein, sie trügen die Erde, sie brächten die Welt zum Ausdruck, und stampfen vor Ungeduld, weil sie die Pythia nicht honigsüß um ihr Schicksal befragen können.

Ich glaube an Ihn: er ist nicht.
Ich verlasse mich nicht auf ihn: ist Er?

Prinzip allen Fortschreitens, jeder Loslösung. Offne und eisige Nacht! Ach, Ende der Kette von Widerrufen.
(Die Suche nach einem Großen Wesen, ist sie nichts als ein Fingerdruck der gefesselten Gegenwart auf die freie Zukunft?

mains non touchés sont vastes. Et là-bas est divin où ne retentit pas le choc de notre chaîne.)

Êtres que l'aurore semble laver de leurs tourments, semble doter d'une santé, d'une innocence neuve, et qui se fracassent ou se suppriment deux heures après ... Êtres chers dont je sens la main.

La cheminée du palais de même que l'âtre de la chaumière fument depuis que la tête du roi se trouve sur les chenets, depuis que les semelles du représentant du peuple se chauffent naïvement à cette bûche excessive qui ne peut pas se consumer malgré son peu de cervelle et l'effroi de ceux pour lesquels elle fut guillotinée. Entre les illusions qui nous gouvernent, peut-être reverra-t-on celles, dans l'ordre naturel appelées, que quelque aspect du sacré tempère et qui sont au regard averti les moins cyniquement dissimulées. Mais cette apparition, que les exemples précédents ont disqualifiée, doit attendre encore, car elle est sans énergie et sans bonté dans des limbes que le poison mouille. La propriété redevenant l'infini impersonnel à l'extérieur de l'homme, la cupidité ne sera plus qu'une fièvre d'étape que chaque lendemain absorbera. Tout l'embasement néanmoins est à réinventer. La vie bousillée est à ressaisir, avec tout le doré du couchant et la promesse de l'éveil, successivement. Et honneur à la mélancolie augmentée par l'été d'un seul jour, à midi impétueux, à la mort.

Tour à tour coteau, roc désolé, léger abri, tel est l'homme, le bel homme déconcertant.

Disparu, l'élégance de l'ombre lui succède. L'énigme a fini de rougir.

Das unberührte Morgen ist unermeßlich. Und göttlich ist dort, wo das Rasseln unsrer Kette nicht widerhallt.)

Wesen, die die Morgenröte von ihren Qualen reinzuwaschen, mit neuer Gesundheit, neuer Unschuld auszurüsten scheint und die zwei Stunden später zerbrechen oder verlöschen ... Teure Wesen, deren Hand ich spüre.

Der Kamin des Palastes wie der Herd der Kate rauchen gleicherweise, seitdem das Haupt des Königs auf dem Rost liegt, seitdem die Sohlen des Volksvertreters sich treuherzig an jenem Riesenscheit wärmen, das sich nicht selbst verzehren kann trotz seines winzigen Hirns und des Entsetzens derer, für die es unterm Fallbeil blieb. Vielleicht wird man unter den Illusionen, die uns regieren, dem Lauf der Dinge gemäß von neuem jene ins Auge fassen, die ein Zug des Heiligen mildert und die dem gewitzten Blick am wenigsten zynisch verhüllt sind. Doch diese Erscheinung, welche die vorigen Beispiele entwertet haben, wird wohl noch warten müssen, steckt sie doch kraftlos und ohne Güte in Zwischenreichen, die das Gift netzt. Wenn das Eigentum wieder zum Unpersönlich-Unendlichen außerhalb des Menschen wird, dürfte sich die Begehrlichkeit als Eintagsfieber erweisen, das schon der nächste Morgen löscht. Trotzdem bleibt der ganze Unterbau neu zu erfinden. Das besudelte Leben muß wieder angepackt werden, mit allem Goldglanz des Sonnenuntergangs und der Verheißung des Erwachens, nach und nach. Und Ehre der Schwermut, die vom Sommer um einen Tag nur vermehrt ward, dem gebieterischen Mittag, dem Tod.

Bald Abhang, bald trostloser Fels, bald leichtes Obdach, das ist der Mensch, der schöne bestürzende Mensch.

Ist er verschwunden, folgt die Eleganz des Schattens ihm nach. Das Rätsel wird nicht mehr rot.

Nota. – *Cessons de miroiter. Toute la question sera, un moment, de savoir si la mort met bien le point final à tout. Mais peut-être notre cœur n'est-il formé que de la réponse qui n'est point donnée?*

Et la faculté de fine manœuvre? Qui sera ton lecteur? Quelqu'un que ta spéculation arme mais que ta plume innocente. Cet oisif, sur ses coudes? Ce criminel encore sans objet? Prends garde, quand tu peux, aux mots que tu écris, malgré leur ferme distance.

L'INOFFENSIF

Je pleure quand le soleil se couche parce qu'il te dérobe à ma vue et parce que je ne sais pas m'accorder avec ses rivaux nocturnes. Bien qu'il soit au bas et maintenant sans fièvre, impossible d'aller contre son déclin, de suspendre son effeuillaison, d'arracher quelque envie encore à sa lueur moribonde. Son départ te fond dans son obscurité comme le limon du lit se délaye dans l'eau du torrent par delà l'éboulis des berges détruites. Dureté et mollesse au ressort différent ont alors des effets semblables. Je cesse de recevoir l'hymne de ta parole; soudain tu n'apparais plus entière à mon côté; ce n'est pas le fuseau nerveux de ton poignet que tient ma main, mais la branche creuse d'un quelconque arbre mort et déjà débité. On ne met plus un nom à rien, qu'au frisson. Il fait nuit. Les artifices qui s'allument me trouvent aveugle.
Je n'ai pleuré en vérité qu'une seule fois. Le soleil en disparaissant avait coupé ton visage. Ta tête avait roulé dans la fosse du ciel et je ne croyais plus au lendemain.
Lequel est l'homme du matin et lequel celui des ténèbres?

Anmerkung. – Hören wir auf zu schillern. Die ganze Frage läuft, einen Augenblick lang, darauf hinaus: ob der Tod hinter alles den Schlußpunkt setzt. Aber vielleicht besteht unser Herz allein aus der Antwort, die nicht gegeben ist?

Und das Vermögen zu abgewogener Taktik? Wer wird dein Leser sein? Jemand, den deine Gedanken mit Waffen versehen, doch den deine Feder unschuldig macht. Dieser Müßige auf seinen Ellbogen? Dieser Täter noch ohne Ziel? Gib acht, wenn du's vermagst, auf die Worte, die du schreibst, trotz ihrer harten Distanz.

DER HARMLOSE

Ich weine, wenn die Sonne untergeht, denn sie beraubt mich deines Anblicks, und ich weiß nicht, wie ich mich mit ihren nächtlichen Rivalen verständigen soll. Wenn sie auch tief steht und nicht mehr fiebert, so ist's doch unmöglich, gegen ihren Abstieg anzugehen, ihr Entblättern aufzuhalten, ihrem sterbenden Schimmer noch Lust zu entreißen. Ihr Scheiden löst dich auf in seine Dunkelheit, wie der Schlamm des Flußbetts sich im Wasser des Wildbachs verdünnt, hinterm Geröll der zerstörten Böschungen. Härte und Weichheit verschiedener Herkunft zeigen so ähnliche Wirkung. Ich empfange nicht mehr die Hymne deines Wortes; plötzlich erscheinst du nicht mehr ganz mir zur Seite; nicht die nervöse Spindel deines Handgelenks umschließt meine Hand, nur den dürren Ast eines abgestorbnen, schon zersägten Baumes. Für nichts mehr findet sich ein Name, nur noch fürs Schaudern. Es wird Nacht. Die Feuerwerke, die entzündeten, finden mich blind.
In Wahrheit habe ich nur ein einziges Mal geweint. Im Entschwinden hatte die Sonne dein Antlitz abgetrennt. Dein Kopf war in die Grube des Himmels gerollt, und ich glaubte nicht mehr an den morgigen Tag.
Wer ist der Mensch des Morgens und wer der Mensch der Finsternis?

Deutsch von Jean-Pierre Wilhelm

DIE FREUNDIN, DIE NICHT BLIEB

L'amie qui ne restait pas (1953–1954)

LE DEUIL DES NÉVONS

Pour un violon, une flûte et un écho

Un pas de jeune fille
A caressé l'allée,
A traversé la grille.

Dans le parc des Névons
Les sauterelles dorment.
Gelée blanche et grêlons
Introduisent l'automne.

C'est le vent qui décide
Si les feuilles seront
A terre avant les nids.

Vite! Le souvenir néglige
Qui lui posa ce front,
Ce large coup d'œil, cette verse,
Balancement de méduse
Au-dessus du temps profond.

Il est l'égal des verveines,
Chaque été coupées ras,
Le temps où la terre sème.

La fenêtre et le parc,
Le platane et le toit
Lançaient charges d'abeilles,
Du pollen au rayon,
De l'essaim à la fleur.

Un libre oiseau voilier,
Planant pour se nourrir,
Proférait des paroles
Comme un hardi marin.

TRAUER VON LES NÉVONS

Für eine Geige, eine Flöte und ein Echo

Ein Mädchenfuß
Liebkost die Allee,
Durchschreitet das Gitter.

Im Park von Névons
Schlafen die Grillen.
Hagel und Nachtfrost
Künden den Herbst.

Der Wind bestimmt,
Was zuerst herabfällt,
Laub oder Nester.

Rasch! Den meidet Erinnerung,
Der die Stirn ihr aufprägt,
Diese Weitschau, das Gießen,
Gewoge der Qualle
Über der tiefen Zeit.

Sie gleicht der Verbene,
Jeden Sommer geschnitten,
Die Zeit, da die Erde sät.

Fenster und Park,
Platane und Dach
Entsandten Bienen
Vom Pollen zur Wabe,
Vom Schwarm zur Blüte.

Ein Vogel, freisegelnd,
Im Gleitflug sich nährend,
Stieß Worte aus,
Wie ein kühner Schiffer.

Quand le lit se fermait
Sur tout mon corps fourbu,
De beaux yeux s'en allaient
De l'ouvrage vers moi.

L'aiguille scintillait;
Et je sentais le fil
Dans le trésor des doigts
Qui brodaient la batiste.

Ah! lointain est cet âge.

Que d'années à grandir,
Sans père pour mon bras!

Tous ses dons répandus,
La rivière chérie
Subvenait aux besoins.
Peupliers et guitares
Ressuscitaient au soir
Pour fêter ce prodige
Où le ciel n'avait part.

Un faucheur de prairie
S'élevant, se voûtant,
Piquait les hirondelles,
Sans fin silencieux.

Sa quille retenue
Au limon de l'îlot,
Une barque était morte.

L'heure entre classe et nuit,
La ronce les serrant,
Des garnements confus
Couraient, cruels et sourds.

Als das Bett sich schloß
Um den müden Leib,
Glitten schöne Augen
Von der Arbeit zu mir.

Nadelgeglitzer;
Ich spürte den Faden
Im Schatz der Finger,
Die Batist bestickten.

Ach, wie fern ist die Zeit!

Wieviel Jahre des Wachsens
Ohne Vater für den Arm!

Der liebe Fluß
Mit dem Guß seiner Gaben
Stillte die Notdurft.
Pappeln, Gitarren
Erwachten am Abend,
Das Wunder zu feiern,
Dem der Himmel fernstand.

Ein Wiesenmäher,
Sich reckend, sich wölbend,
Sticht nach den Schwalben
In endloser Stille.

Den Kiel verhaftet
Im Schlamm der Insel,
Lag tot eine Barke.

Zwischen Schule und Nacht,
Von Dornen bedrängt,
Rannten wirre Buben,
Grausam und dumpf.

La brume les sautait,
De glace et maternelle.

Sur le bambou des jungles
Ils s'étaient modelés,
Chers roseaux voltigeants!

Le jardinier invalide sourit
Au souvenir de ses outils perdus,
Au bois mort qui se multiplie.

Le bien qu'on se partage,
Volonté d'un défunt,
A broyé et détruit
La pelouse et les arbres,
La paresse endormie,
L'espace ténébreux
De mon parc des Névons.

Puisqu'il faut renoncer
À ce qu'on ne peut retenir,
Qui devient autre chose
Contre ou avec le cœur, –
L'oublier rondement.

Puis battre les buissons
Pour chercher sans trouver
Ce qui doit nous guérir
De nos maux inconnus
Que nous portons partout.

Der Nebel befiel sie,
Eisig umhegend.

Dem Dschungelbambus
Wollten sie gleich sein,
Liebes schwankendes Rohr!

Der invalide Gärtner lächelt,
Verlorener Geräte denkend,
Im toten Wald, der sich mehrt.

Der geteilte Besitz,
Nach dem Wunsch eines Toten;
Aufgerieben, zerstört,
Wurden Wiesen und Bäume,
Die schlummernde Muße,
Der dämmerige Raum
Meines Parks von Névons.

Entsagen muß man
Dem nicht zu Bewahrenden,
Das sich umgestaltet
Für oder wider das Herz –
Rundweg vergessen.

Dann die Bäume durchstreifen,
Um Heilung zu suchen,
Ohne sie zu finden,
Von dem fremden Leid,
Das wir überall tragen.

LA DOUBLE TRESSE

Chaume des Vosges (1939)

Beauté, ma toute-droite, par des routes si ladres,
À l'étape des lampes et du courage clos,
Que je me glace et que tu sois ma femme de décembre.
Ma vie future, c'est ton visage quand tu dors.

Sur la paume de Dabo Été 1953

Va mon baiser, quitte le frêle gîte,
Ton amour est trouvé, un bouleau te le tend.
La résine d'été et la neige d'hiver
Ont pris garde.

FIÈVRE DE LA PETITE PIERRE D'ALSACE

Nous avancions sur l'étendue embrasée des forêts, comme l'étrave face aux lames, onde remontée des nuits, maintenant livrée à la solidarité de l'éclatement et de la destruction. Derrière cette cloison sauvage, au delà de ce plafond, retraite d'un stentor réduit au silence et à la ferveur, se trouvait-il un ciel?

Nous le vîmes à l'instant que le village nous apparut, bâtisse d'aurore et de soir nonchalant, nef à l'ancre dans l'attente de notre montée.

Bonds obstinés, marche prospère, nous sommes à la fois les passants et la grand'voile de la mer journalière aux prises avec des lignes, à l'infini, de barques. Tu nous l'apprends, sous-bois. Sitôt le feu mortel traversé.

DOPPELTES GEFLECHT

Strohdächer in den Vogesen (1939)

Schönheit, meine Aufrechte du, auf solch kargenden Straßen,
Am Rastort der Lampen und des umzäunten Muts,
Daß ich erstarre und du magst mein Dezemberweib sein;
Mein künftiges Leben ist dein Antlitz, wenn du schläfst.

Auf der Fläche des Dagsburger Berges Sommer 1953

Entreiße dich, mein Kuß, dem spröden Lager;
Deine Liebe ist gefunden, eine Birke reicht sie dir.
Sommerharz und Winterschnee
Sind wachsam gewesen.

FIEBER VON LÜTZELSTEIN IM ELSASS

Wir brachen durch die lodernde Weite der Wälder wie der Bug durch die Wellen, Woge den Nächten entstiegen, nunmehr ausgeliefert dem Einvernehmen von Zerbersten und Zerstörung. Hinter der wilden Wand, über jener Decke, Zuflucht eines zu Schweigen und Inbrunst genötigten Stentors, war da ein Himmel?

Wir erblickten ihn, sobald das Dorf uns erschien, Bauwerk aus Morgenröte und lässigem Abend, Schiff, verankert in der Erwartung unseres Aufstiegs.

Eigensinnige Sprünge, gedeihlicher Gang, wir sind gleichzeitig die Fahrenden und das Großsegel des unbeständigen Meeres im Kampf mit den Linien, im Unendlichen, von Booten. Das lehrst du uns, Unterholz. Sobald das tödliche Feuer durchschritten ist.

SUR LE TYMPAN D'UNE ÉGLISE ROMANE

Maison pour recevoir l'abandonné de Dieu,
Dos étréci et bleu de pierres.

Ah! désespoir avide d'ombre,
Indéfiniment poursuivi
Dans son amour et son squelette.

Vérité aux secrètes larmes,
La plus offrante des tanières.

LE VIPÉREAU

Il glisse contre la mousse du caillou comme le jour cligne à travers le volet. Une goutte d'eau pourrait le coiffer, deux brindilles le revêtir. Ame en peine d'un bout de terre et d'un carré de buis, il en est, en même temps, la dent maudite et déclive. Son vis-à-vis, son adversaire, c'est le petit matin qui, après avoir tâté la courtepointe et avoir souri à la main du dormeur, lâche sa fourche et file au plafond de la chambre. Le soleil, second venu, l'embellit d'une lèvre friande.
Le vipéreau restera froid jusqu'à la mort nombreuse, car, n'étant d'aucune paroisse, il est meurtrier devant toutes.

LE BOIS DE L'EPTE

Je n'étais ce jour-là que deux jambes qui marchent.
Aussi, le regard sec, le nul au centre du visage,
Je me mis à suivre le ruisseau du vallon.
Bas coureur, ce fade ermite ne s'immisçait pas
Dans l'informe où je m'étendais toujours plus avant.
Venus du mur d'angle d'une ruine laissée jadis par l'incendie,

GIEBELFELD EINER ROMANISCHEN KIRCHE

Haus zum Empfang des von Gott Verlassenen,
Rücken geschmälert und blau von Steinen.

O Verzweiflung süchtig nach Schatten,
Unabsehbar verfolgt
In ihrer Liebe und ihrem Skelett.

Wahrheit mit heimlichen Tränen,
Spendenreichste der Höhlen.

DIE JUNGE VIPER

Sie gleitet durch das Moos am Stein wie das Licht durch den Laden blinkt. Ein Wassertropfen könnte ihr Kopfputz sein, zwei Reislein sie bekleiden. Schmachtend nach einer Handbreit Erde und einem Buchsbaumgeviert, ist sie zugleich der verfluchte, gewinkelte Zahn. Ihr Gegenüber, ihr Gegner ist der frühe Morgen; wenn er nach der Steppdecke getastet, der Hand des Schläfers zugelächelt hat, läßt er seine Gabel los und schnellt an die Zimmerdecke. Die Sonne, als Zweitgekommene, verschönt ihn mit lüsterner Lippe.
Die junge Viper bleibt kühl bis zum vielfachen Tod; da sie keiner Gemeinde angehört, ist sie Mörderin vor allen.

DER WALD VON EPTE

Ich war an jenem Tage nichts als Schreiten.
Trockenen Blicks, das Nichts mitten im Antlitz,
Begleitete ich den Bach durchs Tal.
Im Niederen laufend, mengte dieser schale Eremit sich nicht
Ins Ungestalte, wo ich immer weiter mich verbreitete.
Aus einem nach dem Brand verbliebenen Gemäuer sprießend,

Plongèrent soudain dans l'eau grise
Deux rosiers sauvages pleins d'une douce et inflexible volonté.
Il s'y devinait comme un commerce d'êtres disparus, à la veille de s'annoncer encore.
Le rauque incarnat d'une rose, en frappant l'eau,
Rétablit la face première du ciel avec l'ivresse des questions,
Éveilla au milieu des paroles amoureuses la terre,
Me poussa dans l'avenir comme un outil affamé et fiévreux.
Le bois de l'Epte commençait un tournant plus loin,
Mais je n'eus pas à le traverser, le cher grainetier du relèvement!
Je humai, sur le talon du demi-tour, le remugle des prairies où fondait une bête,
J'entendis glisser la peureuse couleuvre;
De chacun – ne me traitez pas durement – j'accomplissais, je le sus, les souhaits.

VICTOIRE ÉCLAIR

L'oiseau bêche la terre,
Le serpent sème,
La mort améliorée
Applaudit la récolte.

Pluton dans le ciel!

L'explosion en nous.
La seulement dans moi.
Fol et sourd, comme pourrais-je l'être davantage?

Plus de second soi-même, de visage changeant, plus de saison pour la flamme et de saison pour l'ombre!

Tauchten jäh ins graue Wasser
Zwei wilde Rosenstöcke voll von sanftem unbeugsamen Willen.
Man ahnte dort ein Weben von verschollenen Wesen, die sich nochmals bekunden wollten.
Das heisere Rot einer Rose beim Aufschlag aufs Wasser
Schuf neu das Urgesicht des Himmels mit dem Rausch der Fragen,
Erweckte unter liebenden Worten die Erde,
Stieß mich ins Künftige wie ein gierig-fieberhaftes Werkzeug.
Der Wald von Epte begann an der nächsten Biegung.
Nicht zu durchqueren brauchte ich den teuren, der den Samen des Aufstiegs in sich hütet.
Die Fersen halb gewendet, sog ich ein den dumpfigen Geruch der Wiesen, wo ein Tier zerschmolz;
Das Huschen der scheuen Blindschleiche vernahm ich;
Die Wünsche eines jeden – seid nicht hart zu mir – ich wußte, daß ich sie erfüllte.

BLITZSIEG

Der Vogel gräbt um,
Die Schlange sät,
Der veredelte Tod
Zollt Beifall der Ernte.

Pluto im Himmel!

Die Explosion in uns.
Da, nur in mir.
Toll und dumpf, wie könnte ich's ärger sein?

Kein zweites Selbst mehr, kein wechselndes Antlitz, keine Zeit für die Flamme, keine Zeit für den Schatten!

Avec la lente neige descendent les lépreux.

Soudain l'amour, l'égal de la terreur,
D'une main jamais vue arrête l'incendie, redresse le soleil, reconstruit l'Amie.

Rien n'annonçait une existence si forte.

POURQUOI LA JOURNÉE VOLE

Cités, patries et provinces sont trop infatuées ou désuètes pour accueillir la naissance du poète et en décider l'annexion.
Le poète s'appuie, durant le temps de sa vie, à quelque arbre, ou mer, ou talus, ou nuage d'une certaine teinte, un moment, si la circonstance le veut. La double nature de la douleur lui donne l'essor. Son amour, son étreinte, son bonheur n'ont-ils pas leur équivalent dans tous les lieux où il n'est pas allé, où jamais il n'ira, chez les étrangers qu'il ne connaîtra pas. Quand on élève la voix devant lui, quand on le presse d'accepter des égards qui retiennent, si l'on invoque à son propos les astres, il doit répondre qu'il est du pays d'à côté, *du ciel qui vient d'être englouti.*
Le poète vivifie puis court au dénouement. Très vieux, malgré sur sa joue plusieurs fossettes d'apprenti, c'est un passant courtois qui brusque les adieux pour être là quand le pain sort du four.

Mit dem langsamen Schnee steigen die Aussätzigen herab.

Plötzlich die Liebe, ebenbürtig dem Schrecken,
Mit nie gesehener Hand wehrt sie der Feuersbrunst, rückt die Sonne zurecht, läßt die *Freundin* neu erstehn.
Nichts verhieß ein so starkes Dasein.

WARUM DER TAG VERFLIEGT

Städte, Provinzen und Vaterländer sind zu selbstherrlich oder zu verstaubt, die Geburt des Dichters willkommen zu heißen und für sich zu beanspruchen.
Der Dichter lehnt sich zeit seines Lebens an irgendeinen Baum oder ein Meer, einen Abhang oder eine Wolke von bestimmter Färbung, einen Augenblick lang, wie die Gelegenheit will. Die Doppelnatur des Schmerzes verleiht ihm Aufflug. Finden seine Liebe, seine Verstrickung, sein Glück doch ihre Entsprechung an allen Orten, die er nicht betrat noch jemals betreten wird, bei Fremden, die er nie kennenlernt. Wenn man vor ihm die Stimme hebt, wenn man ihn drängt, Ehrungen anzunehmen, die hemmen, wenn man seinetwegen die Sterne anruft, muß er erwidern, er sei aus dem Land *nebenan*, vom Himmel, der eben verschlungen ward.
Der Dichter belebt, dann eilt er zur Lösung des Knotens. Sehr alt, trotz einiger Lehrlingsgrübchen auf seiner Wange, ist er ein höflicher Passant, eilig beim Abschied, um da zu sein, wenn das Brot aus dem Ofen kommt.

Deutsch von Johannes Hübner und Lothar Klünner

NEUNMAL DANK AN VIEIRA DA SILVA

Neuf merci à Vieira da Silva (1955)

I – LES PALAIS ET LES MAISONS

Paris est aujourd'hui achevé. J'y vivrai. Mon bras ne lance plus mon âme au loin. J'appartiens.

II – DANS L'ESPACE

Le soleil volait bas, aussi bas que l'oiseau. La nuit les éteignit tous deux. Je les aimais.

III – C'EST BIEN ELLE

Terre de basse nuit et des harcèlements.

*

Nuit, mon feuillage et ma glèbe.

IV – LA GRILLE

Je ne suis pas seul parce que je suis abandonné. Je suis seul parce que je suis seul, amande entre les parois de sa closerie.

V – LES DIEUX SONT DE RETOUR

Les dieux sont de retour, compagnons. Ils viennent à l'instant de pénétrer dans cette vie; mais la parole qui révoque, sous la parole qui déploie, est réapparue, elle aussi, pour ensemble nous faire souffrir.

VI – ARTINE DANS L'ÉCHO

Notre emmêlement somptueux dans le corps de la voie lactée, chambre au sommet pour notre couple qui dans la nuit ailleurs se glacerait.

I – PALÄSTE UND HÄUSER

Paris ist heute vollendet. Dort lebe ich nun. Mein Arm schleudert nicht mehr meine Seele ins Weite. Ich gehöre an.

II – IM RAUM

Die Sonne flog niedrig, so niedrig wie der Vogel. Die Nacht löschte beide aus. Ich liebte sie.

III – JA, DAS IST SIE

Erde aus flacher Nacht, voller Quälereien.

*

Nacht, mein Laub, meine Scholle.

IV – DAS GITTER

Ich bin allein, nicht weil ich verlassen bin. Ich bin allein, weil ich allein bin, Mandelkern in den Wänden seines Geheges.

V – DIE GÖTTER SIND WIEDERGEKOMMEN

Die Götter sind wiedergekommen, Gefährten. Eben sind sie in dieses Leben zurückgekehrt; aber mit dem Wort, das entfaltet, ist auch das Wort des Widerrufs wieder da, um gemeinsam uns leiden zu lassen.

VI – ARTINE IM ECHO

Wir, prunkend gewirrt in den Leib der Milchstraße, Zimmer auf dem Gipfel für unser Paar, das sonst in der Nacht erfröre.

VII – BERCEUSE POUR CHAQUE JOUR JUSQU'AU DERNIER

Nombreuses fois, nombre de fois,
L'hommes s'endort, son corps l'éveille;
Puis une fois, rien qu'une fois,
L'homme s'endort et perd son corps.

VIII – AUX MIENS

Je touche à l'étendue et je peux l'enflammer. Je retiens ma largeur, je sais la déployer. Mais que vaut le désir sans votre essaim jaloux? Terne est le bouton d'or sans le ton des prairies.
Lorsque vous surgirez, ma main vous requerra, ma main, le petit monstre resté vif. Mais, à la réserve de vous, quelle beauté? ... quelle beauté?

IX – LA FAUVETTE DES ROSEAUX

L'arbre le plus exposé à l'œil du fusil n'est pas un arbre pour son aile. La remuante est prévenue: elle se fera muette en le traversant. La perche de saule happée est à l'instant cédée par l'ongle de la fugitive. Mais dans la touffe de roseaux où elle amerrit, quelles cavatines! C'est ici qu'elle chante. Le monde entier le sait.
Été, rivière, espaces, amants dissimulés, toute une lune d'eau, la fauvette répète: »Libre, libre, libre, libre ...«

VII – WIEGENLIED FÜR JEDEN TAG BIS ZUM LETZTEN

Oftmals und viele Male
Schläft der Mensch ein, sein Leib weckt ihn auf;
Dann einmal, nur ein einziges Mal,
Schläft der Mensch ein und verliert seinen Leib.

VIII – DEN MEINEN

Ich rühre an den Raum und ich kann ihn in Flammen setzen. Ich halte meine Weite zurück, ich weiß sie zu entfalten. Aber was gilt die Begier ohne euern eifernden Schwarm? Glanzlos ist die goldne Knospe ohne den Klang der Wiesen.
Wenn ihr euch plötzlich erhebt, dann holt meine Hand euch zurück, meine Hand, dies kleine Ungetüm, das lebendig blieb. Doch ohne euch, wo ist da noch Schönheit? ... wo Schönheit?

IX – DIE GRASMÜCKE IM SCHILF

Der Baum, der dem Auge der Flinte am meisten ausgesetzt ist, ist kein Baum für ihren Flügel. Die Ruhlose ist gewarnt: sie bleibt stumm, wenn sie ihn durchfliegt. Kaum erhascht, ist die Weidenrute im Nu von der Kralle der Flüchtigen wieder verlassen. Aber im buschigen Schilf, wo sie niedergeht, was für Cavatinen! Hier singt sie. Alle Welt weiß es.
Sommer, Fluß, Weiten, Liebende im Versteck, ein ganzer Wassermond – die Grasmücke singt und singt: »Libre, libre, libre, libre ...«

Deutsch von Jean-Pierre Wilhelm

DIE BIBLIOTHEK STEHT IN FLAMMEN

La bibliothèque est en feu (1956)

Für Georges Braque

Par la bouche de ce canon, il neige. C'était l'enfer dans notre tête. Au même moment c'est le printemps au bout de nos doigts. C'est la foulée de nouveau permise, la terre en amour, les herbes exubérantes.

L'esprit aussi, comme toute chose, a tremblé.

L'aigle est au futur.

L'éclair me dure.

On ne peut pas commencer un poème sans une parcelle d'erreur sur soi et sur le monde, sans une paille d'innocence aux premiers mots.

La poésie me volera ma mort.

Le poète ne retient pas ce qu'il découvre; l'ayant transcrit le perd bientôt. En cela résida sa nouveauté, son infini et son péril.

Mon métier est un métier de pointe.

On naît avec les hommes, on meurt inconsolé parmi les dieux.

Arrêtons-nous près des êtres qui peuvent se couper de leurs ressources, bien qu'il n'existe pour eux que peu ou pas de repli. L'attente leur creuse une insomnie vertigineuse. La beauté leur pose un chapeau de fleurs.

La beauté fait son lit sublime toute seule, étrangement bâtit sa renommée parmi les hommes, à côté d'eux, mais à l'écart.

Aus dem Schlund der Kanone schneit es. In unserem Kopf war die Hölle. Nun ist es Frühling an unseren Fingerspitzen. Wir dürfen wieder schweifen, die Erde ist brünstig, üppig schwillt das Gras.

Auch der Geist erzitterte, wie alles andere.

Der Adler steht im Künftigen.

Der Blitz gibt mir Dauer.

Man kann ein Gedicht nicht beginnen ohne ein Körnchen Irrtum über sich selbst und die Welt, ohne einen Splitter von Unschuld bei den ersten Worten.

Die Dichtung bringt mich um meinen Tod.

Der Dichter bewahrt nicht, was er entdeckt; hat er es niedergeschrieben, verliert er es bald. Darin liegt sein Neues, seine Unendlichkeit, seine Gefahr.

Mein Beruf gilt dem Anbruch, der äußersten Spitze.

Mit den Menschen wird man geboren, ungetröstet stirbt man unter den Göttern.

Säumen wir bei den Wesen, die sich ihres Rückhalts begeben können, wenn ihnen auch nur geringe oder gar keine Geborgenheit bleibt. Die Erwartung zermürbt sie mit schwindelerregender Schlaflosigkeit. Die Schönheit setzt ihnen einen Blumenhut auf.

Die Schönheit bereitet ihr erhabenes Bett ganz allein, baut seltsam ihren Ruf unter den Menschen, neben ihnen, aber abseits.

Restez près du nuage. Veillez près de l'outil. Toute semence est détestée.

Bienfaisance des hommes certains matins stridents. Dans le fourmillement de l'air en délire, je monte, je m'enferme, insecte indévoré, suivi et poursuivant.

Face à ces eaux, de formes dures, où passent en bouquets éclatés toutes les fleurs de la montagne verte, les Heures épousent des dieux.

Frais soleil dont je suis la liane.

Bleibt der Wolke nah. Wacht beim Werkzeug. Alle Saat wird verabscheut.

Wie wohltuend sind die Menschen an manch schrillem Morgen. Im Wirbel der taumelnden Luft steig ich auf, schließ ich mich ein, unverzehrtes Insekt, verfolgt und verfolgend.

Angesichts dieser Gewässer von harter Gestalt, wo alle zerborstenen Sträuße des grünen Gebirgs vorübergleiten, vermählen sich die *Stunden* mit den Göttern.

Kühle Sonne, deren Liane ich bin.

Deutsch von Johannes Hübner und Lothar Klünner

HOCH ÜBERM WIND

Au-dessus du vent (1956–1960)

ATTENANTS

Les prairies me disent ruisseau
Et les ruisseaux prairie.

Le vent reste au nuage.
Mon zèle est fraîcheur du temps.

Mais l'abeille est songeuse
Et le gardon se couvre.
L'oiseau ne s'arrête pas.

CAPTIFS

Ma jeunesse en jouant fit la vie prisonnière.
Ô donjon où je vis!

Champs, vous vous mirez dans mes quatre moissons.
Je tonne, vous tournez.

L'OISEAU SPIRITUEL

Ne m'implorez pas; grands yeux; restez à couvert, désirs.
Je disparais au ciel, étangs privés de seuil.
Je glisse en liberté au travers des blés mûrs.
Nulle haleine ne teint le miroir de mon vol.
Je cours le malheur des humains, le dépulpe de son loisir.

LIGNE DE FOI

La faveur des étoiles est de nous inviter à parler, de nous montrer que nous ne sommes pas seuls, que l'aurore a un toit et mon feu tes deux mains.

FELDNACHBARN

Die Wiesen sagen mir: Bach,
Und die Bäche: Wiese.

Der Wind bleibt der Wolke treu.
Mein Eifer ist Frische der Zeit.

Aber die Biene summt wie im Traum
Und die Plötze verbirgt sich.
Der Vogel ist unaufhaltsam.

GEFANGENE

Spielend fing meine Jugend das Leben ein.
O Kerkerturm, wo ich lebe!

Felder, ihr spiegelt euch in meinen vier Ernten.
Ich dröhne, ihr kreist.

VOGEL IM GEIST

Große Augen, fleht mich nicht an; Begierden, bleibt verhüllt.
Ich entschwinde am Himmel, Teiche nun ohne Schwelle.
Ich gleite in Freiheit quer durch das reife Korn.
Kein Hauch beschlägt den Spiegel meines Flugs.
Ich gehe das menschliche Unglück ein, schäl' seine Muße heraus.

KURSLINIE

Es ist die Gunst der Sterne, uns zum Gespräch einzuladen, uns zu zeigen, daß wir nicht allein sind, daß die Morgenröte ein Dach hat und mein Feuer deine zwei Hände.

LE PAS OUVERT DE RENÉ CREVEL

Mais si les mots sont des bêches?

Alors la mort, en dessous, n'aura capté que ton écho.
Ta parole bouclée se confond toujours avec la vapeur exhalée par nos bouches
Quand l'hiver sème son givre sur nos manteaux.
L'esprit ne veut pas durcir comme pierre
Et lutte avec le limon qui l'entraîne à s'y essayer.
Mais le sommeil, le sommeil, est une bêche parcimonieuse.
Ô, qui veut partir, disparaisse dans la nuit que la douleur ne malmène plus!

DÉCLARER SON NOM

J'avais dix ans. La Sorgue m'enchâssait. Le soleil chantait les heures sur le sage cadran des eaux. L'insouciance et la douleur avaient scellé le coq de fer sur le toit des maisons et se supportaient ensemble. Mais quelle roue dans le cœur de l'enfant aux aguets tournait plus fort, tournait plus vite que celle du moulin dans son incendie blanc?

ÉROS SUSPENDU

La nuit avait couvert la moitié de son parcours. L'amas des cieux allait à cette seconde tenir en entier dans mon regard. Je te vis, la première et la seule, divine femelle dans les sphères bouleversées. Je déchirai ta robe d'infini, te ramenai nue sur mon sol. L'humus mobile de la terre fut partout.
Nous volons, disent tes servantes, dans l'espace cruel, – au chant de ma trompette rouge.

RENÉ CREVELS AUFBRUCH

Wenn aber die Worte Spaten sind?

Dann wird darunter der Tod nur dein Echo erschlichen haben.
Immer vermengt dein gelocktes Wort sich dem Wrasen unserer Münder,
Wenn der Winter seinen Reif auf unsere Mäntel sät.
Es will der Geist nicht zu Stein verhärten
Und kämpft mit dem Schlamm, der ihn zieht, sich daran zu versuchen.
Aber der Schlaf, der Schlaf ist ein geiziger Spaten.
O schwinde, wer fortgehn will, in die Nacht, die kein Schmerz mehr peinigt!

SEINEN NAMEN NENNEN

Ich war zehn Jahre alt. Die Sorgue faßte mich ein. Auf dem weisen Zifferblatt der Wasser sang die Sonne die Stunden. Sorglosigkeit und Schmerz hatten den eisenen Hahn auf dem Dach der Häuser befestigt und stützten sich gegenseitig. Aber welch Rad im Herzen des Kindes, stets auf der Lauer, drehte sich heftiger, drehte sich schneller als das Mühlrad in seinem weißen Brand?

EROS FREI SCHWEBEND

Die Nacht hatte die Hälfte ihrer Bahn durchlaufen. In dieser Sekunde trat der gehäufte Himmel als Ganzes in meinen Blick. Ich sah dich, die Erste und Einzige, Göttlich-Weibliche in den chaotischen Sphären. Ich zerriß dein Gewand aus Unendlichkeit, führte dich nackt auf meinen Grund. Der ruhlose Humus der Erde war überall.
Wir fliegen, sagen deine Dienerinnen, durch den grausamen Raum – zum Lied meiner roten Trompete.

Deutsch von Johannes Hübner und Lothar Klünner

SCHEIDEN

Quitter (1960)

L'ÉTERNITÉ À LOURMARIN

Albert Camus

Il n'y a plus de ligne droite ni de route éclairée avec un être qui nous a quittés. Où s'étourdit notre affection? Cerne après cerne, s'il approche c'est pour aussitôt s'enfouir. Son visage parfois vient s'appliquer contre le nôtre, ne produisant qu'un éclair glacé. Le jour qui allongeait le bonheur entre lui et nous n'est nulle part. Toutes les parties – presque excessives – d'une présence se sont d'un coup disloquées. Routine de notre vigilance ... Pourtant cet être supprimé se tient dans quelque chose de rigide, de désert, d'essentiel en nous, où nos millénaires ensemble font juste l'épaisseur d'une paupière tirée.
Avec celui que nous aimons, nous avons cessé de parler, et ce n'est pas le silence. Qu'en est-il alors? Nous savons, ou croyons savoir. Mais seulement quand le passé qui signifie s'ouvre pour lui livrer passage. Le voici à notre hauteur, puis loin, devant.

À l'heure de nouveau contenue où nous questionnons tout le poids d'énigme, soudain commence la douleur, celle de compagnon à compagnon, que l'archer, cette fois, ne transperce pas.

LES DENTELLES DE MONTMIRAIL

Au sommet du mont, parmi les cailloux, les trompettes de terre cuite des hommes des vieilles gelées blanches pépiaient comme de petits aigles.

Pour une douleur drue, s'il y a douleur.

DIE EWIGKEIT ZU LOURMARIN

Albert Camus

Es führt weder gerade Linie noch helle Straße mehr zu einem Menschen, der uns verließ. Wo findet unsere Liebe ihre Betäubung? Kreis um Kreis – wenn er näherkommt, dann nur um sich rasch zu verbergen. Manchmal will sich sein Gesicht an das unsere legen, aber der Blitz ist eisig, der überspringt. Nirgends ist nun der Tag, der das Glück zwischen ihm und uns währen ließ. All die – fast maßlosen – Formen einer menschlichen Gegenwart sind jählings zerspellt. Wachsamkeit aus Gewöhnung ... Trotzdem lebt dieses ausgelöschte Wesen fort an einer Stelle in uns, die starr und öde, aber entscheidend ist, wo all unsre Jahrtausende zusammen gerade so dicht sind wie ein geschlossenes Augenlid.
Mit ihm, den wir lieben, ist unser Gespräch verstummt, und doch herrscht kein Schweigen. Was dann? Wir wissen oder glauben zu wissen. Doch nur, wenn die Vergangenheit, die von Bedeutung voll ist, sich auftut und ihn durchschlüpfen läßt. Dann ist er da, auf gleicher Höhe mit uns, schon weiter entfernt, schon vor uns.

Zu wieder gebändigter Stunde, da wir der ganzen Rätsellast unsre Fragen stellen, hebt plötzlich der Schmerz wieder an, der Schmerz von Gefährte zu Gefährte, den diesmal der Bogenschütze nicht durchbohrt.

DIE SPITZEN VON MONTMIRAIL

Auf dem Gipfel des Berges, inmitten von Kieseln, schilpten die tönernen Trompeten der Männer, die noch dem alten Rauhreif entstammten, wie junge Adler.

Wenn schon Schmerz, dann einen prallen Schmerz.

La poésie vit d'insomnie perpétuelle.

Il semble que ce soit le ciel qui ait le dernier mot. Mais il le prononce à voix si basse que nul ne l'entend jamais.

Il n'y a pas de repli; seulement une patience millénaire sur laquelle nous sommes appuyés.

Dormez, désespérés, c'est bientôt jour, un jour d'hiver.

Nous n'avons qu'une ressource avec la mort: faire de l'art avant elle.

La réalité ne peut être franchie que soulevée.

Aux époques de détresse et d'improvisation, quelques-uns ne sont tués que pour une nuit et les autres pour l'éternité: un chant d'alouette des entrailles.

La quête d'un frère signifie presque toujours la recherche d'un être, notre égal, à qui nous désirons offrir des transcendances dont nous finissons à peine de dégauchir les signes.

Le probe tombeau: une meule de blé. Le grain au pain, la paille pour le fumier.

Ne regardez qu'une fois la vague jeter l'ancre dans la mer.

L'imaginaire n'est pas pur; il ne fait qu'aller.

Les grands ne se perpétuent que par les grands. On oublie. La mesure seule est blessée.

Qu'est-ce qu'un nageur qui ne saurait se glisser entièrement sous les eaux?

Die Poesie lebt von ewiger Schlaflosigkeit.

Wie es scheint, hat stets der Himmel das letzte Wort. Aber so leise spricht er es aus, daß keiner es jemals hört.

Es gibt keinen Unterschlupf; nur eine tausendjährige Geduld, auf die wir uns stützen.

Schlaft, Verzweifelte, bald kommt der Tag, ein Wintertag.

Eine Vergünstigung nur ist uns mit dem Tode gegeben: Kunst zu schaffen, bevor er kommt.

Hinwegspringen über die Wirklichkeit kann man nur, wenn sie emporragt.

In den Zeiten des Elends und der Improvisation verlieren manche ihr Leben nur für eine Nacht, die anderen für die Ewigkeit: ein Lerchengesang aus dem tiefsten Innern.

Die Suche nach einem Bruder bedeutet fast immer das Trachten nach einem Wesen unseresgleichen, dem wir eine Transzendenz beilegen möchten, deren Zeichen wir kaum erst entziffert haben.

Das redliche Grab: ein Getreideschober. Das Korn für das Brot, das Stroh für den Dunghaufen.

Nur einmal seht die Woge den Anker werfen im Meer.

Das Imaginäre ist nicht rein; es geht nur um.

Die Großen dauern nur durch die Großen fort. Man vergißt. Allein das Mittelmaß wird versehrt.

Was wäre ein Schwimmer, der nicht ganz und gar unters Wasser zu gleiten verstünde?

Avec des poings pour frapper, ils firent de pauvres mains pour travailler.

Les pluies sauvages favorisent les passants profonds.

L'essentiel est ce qui nous escorte, en temps voulu, en allongeant la route. C'est aussi une lampe sans regard, dans la fumée.

L'écriture d'un bleu fanal, pressée, dentelée, intrépide, du Ventoux alors enfant, courait toujours sur l'horizon de Montmirail qu'à tout moment notre amour m'apportait, m'enlevait.

Des débris de rois d'une inexpugnable férocité.

Les nuages ont des desseins aussi fermés que ceux des hommes.

Ce n'est pas l'estomac qui réclame la soupe bien chaude, c'est le cœur.

Sommeil sur la plaie pareil à du sel.

Une ingérence innommable a ôté aux choses, aux circonstances, aux êtres, leur hasard d'auréole. Il n'y a d'avènement pour nous qu'à partir de cette auréole. Elle n'immunise pas.
Cette neige, nous l'aimions, elle n'avait pas de chemin, elle découvrait notre faim.

L'ALLÉGRESSE

Les nuages sont dans les rivières, les torrents parcourent le ciel. Sans saisie les journées montent en graines, meurent

Aus Fäusten zum Schlagen machten sie ärmliche Hände zur Arbeit.

Entfesselter Regen begünstigt die gründlichen Wandrer.

Das Wesentliche ist, was zur rechten Zeit uns geleitet, unsere Straße dehnt. Auch eine Lampe ist es, blicklos im Rauch.

Die fanalblaue Schrift, hastig, gezackt und kühn, des noch kindlichen Mont Ventoux lief beständig den Horizont von Montmirail entlang, den von Augenblick zu Augenblick unsre Liebe mir bot, mir entzog.

Königstrümmer von unbezwinglicher Wildheit.

Die Ziele der Wolken sind so undurchschaubar wie die der Menschen.

Nicht der Magen verlangt die Suppe recht warm, sondern das Herz.

Schlaf auf der Wunde, wie Salz auf der Wunde.

Ein unnennbarer Eingriff hat Dingen, Umständen und Wesen ihre Zufallsaura genommen. Nur diese Aura vermag uns Erhöhung zu schenken. Sie verleiht keinen Schutz.

Dieser Schnee war uns lieb, er war weglos, unsern Hunger deckte er auf.

DIE HELLE FREUDE

Die Wolken sind in den Flüssen, die Wildwasser eilen am Himmel. Ungehindert schießen die Tage ins Kraut, sterben

en herbe. Le temps de la famine et celui de la moisson, l'un sous l'autre dans l'air haillonneux, ont effacé leur différence. Ils filent ensemble, ils bivaquent! Comment la peur serait-elle distincte de l'espoir, passant raviné? Il n'y a plus de seuil aux maisons, de fumée aux clairières. Est tombé au gouffre le désir de chaleur – et ce peu d'obscurité dans notre dos où s'inquiétait la primevère dès qu'épiait l'avenir.

Pont sur la route des invasions, mentant au vainqueur, exorable au défait. Saurons-nous, sous le pied de la mort, si le cœur, ce gerbeur, ne doit pas précéder mais suivre?

FONTIS

Le raisin a pour patrie
Les doigts de la vendangeuse.
Mais elle, qui a-t-elle,
Passé l'étroit sentier de la vigne cruelle?

Le rosaire de la grappe;
Au soir le très haut fruit couchant qui saigne

La dernière étincelle.

im ersten Grün. Die Zeit des Hungers und der Ernte, durcheinandergewirrt in der zerfetzten Luft, haben ihren Unterschied ausgelöscht. Sie ziehen gemeinsam dahin, sie schlagen ihr Lager auf! Wie könnte die Angst von der Hoffnung geschieden sein, die ausgeplündert vorbeigeht? Keine Schwelle mehr haben die Häuser, die Lichtungen keinen Rauch. In den Abgrund gestürzt ist die Sehnsucht nach Wärme – und jenes Restchen Dunkelheit hinter uns, wo die Primel sich unruhig regte, sowie die Zukunft hervorzulugen begann.
Brücke auf dem Weg der Eroberungszüge, die den Sieger belügt, dem Geschlagenen günstig ist. Werden wir unterm Fußtritt des Todes wissen, ob das Herz, dieser Garbenbinder, statt voranzugehn, nachfolgen soll?

EINGESUNKENES ERDREICH

Zum Vaterland hat die Beere
Die Finger der Winzerin.
Sie aber, wen hat sie,
Am Ende des schmalen Pfades den grausamen Weinberg
  entlang?
Den Rosenkranz der Traube;
Am Abend die göttliche Frucht, die im Untergehn

Den letzten Lichtfunken blutet.

ANHANG

ALBERT CAMUS:
RENÉ CHAR

Man kann nicht auf einigen Seiten einem Dichter wie René Char Gerechtigkeit erweisen, aber man kann wenigstens seinen Ort bestimmen. Gewisse Werke verdienen es, daß man alle Anlässe wahrnimmt, um die Dankbarkeit, die man ihnen schuldet, zu bezeugen, selbst wo es nicht möglich ist, auf Feinheiten einzugehen. Und ich bin glücklich, daß diese deutsche Veröffentlichung seiner Gedichte mir die Gelegenheit gibt zu sagen, daß ich René Char für unseren größten lebenden Dichter halte und *Fureur et Mystère* für das Überraschendste, was uns die französische Poesie seit den *Illuminations* und *Alcools* geschenkt hat.
Die Neuheit Chars springt tatsächlich in die Augen. Zweifellos ist er durch den Surrealismus hindurchgegangen, aber er hat sich ihm mehr geliehen als hingegeben, gerade lange genug, um zu bemerken, daß sein Gang sicherer war, wenn er allein ging. Seit dem Erscheinen von *Seuls demeurent* genügte jedenfalls eine Handvoll Gedichte, um unsere Poesie durch einen freien und jungfräulichen Wind zu erfrischen. Nach so vielen Jahren, wo unsere Dichter, die sich zuerst der Herstellung von *Bibelots d'inanité* geweiht hatten, die Leier nur aus der Hand legten, um die Trompete zu blasen, wurde die Dichtung zu einem heilsamen Brand. Sie flammte auf, wie jene großen Unkrautfeuer, die in der Heimat des Dichters dem Winde Duft und der Erde Nahrung geben. Wir atmeten endlich auf. Das Geheimnis der Natur, die lebendigen Wasser, das Licht brachen in das Zimmer ein, wo sich die Poesie bis dahin an Schatten und Echos entzückte. Man kann hier von einer poetischen Revolution sprechen.
Ich würde die Neuheit dieser Gedichte weniger bewundern, wenn ihre Inspiration nicht zugleich in einem so hohen Grade alt wäre. Mit Recht nimmt Char den tragischen Optimismus des vorsokratischen Griechenlands für sich in Anspruch. Von Empedokles bis Nietzsche wurde ein Geheimnis von Gipfel zu

Gipfel weitergegeben, dessen schwierige und spärliche Tradition Char nach langer Verdunkelung wieder aufnimmt. Das Feuer des Ätna brütet unter einigen seiner unbeweisbaren Formeln, der königliche Wind von Sils Maria belebt seine Gedichte und läßt in ihnen ein Rauschen von kühlen und aufrührerischen Wassern widerhallen. Das, was Char »die Weisheit mit Augen voll Tränen« nennt, ersteht hier, auf der Höhe unserer Zusammenbrüche.

Alt und neu zugleich, verbindet diese Dichtung Verfeinerung und Einfalt. Mit demselben Schwunge trägt sie die Tage und die Nacht. Dort wo Char geboren ist, erscheint im großen Licht bekanntlich die Sonne manchmal dunkel. Um zwei Uhr, wenn die Hitze in der Landschaft ihren höchsten Grad erreicht hat, bedeckt ein schwarzer Hauch das Land. Ebenso ist es, immer wenn die Dichtung von Char dunkel erscheint, nur eine besessene Kondensation des Bildes, eine Verdichtung des Lichtes, was ihn von jener abstrakten Durchsichtigkeit entfernt, die wir meistens nur deswegen fordern, weil sie nichts von uns verlangt. Aber zugleich läßt dieser schwarze Punkt rings um sich her, wie es in der übersonnten Landschaft geschieht, weite Lichtgestade deutlich werden, wo die Gesichter sich entblößen. Im Mittelpunkt des *Poème pulvérisé* verharrt zum Beispiel ein geheimnisvoller Brennpunkt, um den herum unablässig Stürme leidenschaftlicher Bilder kreisen.

Deshalb entspricht diese Poesie so genau unserem Bedürfnis. Im Schoße der Dunkelheit, wo wir uns vorwärtstasten, würde uns das feststehende, ausgeglichene Licht valéryanischer Himmel nichts nützen. Es wäre Heimweh, nicht Hilfe. In der seltsamen und strengen Dichtung dagegen, die Char uns bietet, erglänzt unsere Nacht selber, und wir lernen wieder gehen. Dieser zeitlose Dichter spricht genau für unsere Zeit. Er ist mitten im Handgemenge, er formuliert unser Unglück wie unsere Wiedergeburt: »Bewohnen wir einen Blitz, so ist er das Herz der Ewigkeit.« Die Dichtung Chars bewohnt wirklich den Blitz, nicht nur im bildlichen Sinn. Der Mensch und der Künstler gehen im gleichen Schritt, sie haben sich gestern in den

Kampf gegen den hitlerischen Totalitarismus geworfen, heute in die Anprangerung der entgegengesetzten oder verbündeten Nihilismen, die unsere Welt zerreißen. Als seinen Anteil am gemeinsamen Kampfe hat Char die Aufopferung empfangen, nicht den Genuß. »Zum Sprunge gehören. Nicht zu dessen Epilog, dem Gelage.« Als Dichter des Aufruhrs und der Freiheit hat er niemals den Tonfall der Gefälligkeit angenommen, noch, wie er sich ausdrückt, den Aufruhr mit der Verbitterung vermengt. Man kann es nicht oft genug betonen – und alle Menschen bestätigen es uns jeden Tag –, daß es zwei Arten von Aufruhr gibt, deren eine zunächst ein Streben nach Knechtschaft verbirgt, deren andere aber bis zur Verzweiflung eine freie Ordnung fordert, in der, nach dem prachtvollen Wort von Char, das Brot geheilt wäre. Char weiß genau, daß »das Brot heilen« darauf hinauskommt, ihm seinen Platz zu geben über allen Doktrinen und seinen Geschmack nach Freundschaft. Auf solche Weise entgeht dieser Empörer dem Schicksal so vieler schöner Aufrührer, die als Polizisten oder Komplicen enden. Er wird sich immer gegen diejenigen erheben, die er die Guillotinenschleifer nennt. Er will nicht das Brot der Gefängnisse, und ein für alle Male wird bei ihm das Brot dem Landstreicher besser schmecken als dem Staatsanwalt.

Daraus begreift man, wie dieser Dichter der Aufgelehnten mühelos zugleich der Dichter der Liebe ist. Seine Dichtung entspringt aus ihr mit zarten und neuen Wurzeln. Ein wesentlicher Anblick seiner Moral und seiner Kunst läßt sich aus der stolzen Formel des *Poème pulvérisé* gewinnen: »Beuge dich nur, um zu lieben.« Denn tatsächlich handelt es sich für ihn darum, sich zu beugen, und Liebe, die durch sein Werk geht, diese doch so männliche Liebe, hat den Akzent der Zärtlichkeit. Daher kommt es, daß Char, der sich wie wir alle mit einer der verworrensten geschichtlichen Epochen herumschlagen mußte, dennoch nicht davor zurückscheute, die Schönheit in ihr hochzuhalten und zu rühmen, nach der gerade die Geschichte uns einen verzweifelten Durst gab. Und die Schönheit erhebt sich aus seinen bewundernswerten *Feuillets*

d'Hypnos, glühend wie die Waffe des Aufständischen, rot, von einer seltsamen Taufe rieselnd, flammengekrönt. Nun erkennen wir sie als das, was sie ist, nicht als die blutlose Göttin der Akademien, nein, als die Freundin, die Geliebte, die Gefährtin unserer Tage. Im vollen Kampfe hat es hier ein Dichter gewagt, uns zuzurufen: »In unserem Dunkel, nicht *einen* Platz hat die Schönheit darin. Der ganze Platz ist ihr, der Schönheit, zugedacht.« Von diesem Augenblick an hat jedes Gedicht von Char, dem Nihilismus seiner Zeit und allen Verneinungen zum Trotz, einen Weg der Hoffnung abgesteckt. Was soll man von einem Dichter heute anderes verlangen? Mitten in unseren geschleiften Festungen bestehen kraft einer geheimen und großmütigen Kunst: die Frau, der Frieden und die schwierige Freiheit. Und weit davon entfernt, uns dem Kampfe abspenstig zu machen, werden wir belehrt, daß diese wiedergefundenen Reichtümer die einzigen sind, die es rechtfertigen, daß man kämpft. Ohne es gewollt zu haben und lediglich weil er nichts abgelehnt hat, was von seiner Zeit zu ihm kam, tut Char dann mehr noch als nur ausdrücken, was wir sind: er ist auch der Dichter unserer nächsten Zukunft. Obgleich er einsam ist, sammelt er Menschen um sich, und in die Bewunderung, die er erregt, mischt sich jene große brüderliche Wärme, der die Menschen ihre besten Früchte verdanken. Seien wir dessen gewiß, an Werke wie diese können wir uns von nun an wenden, wenn wir Zuflucht und Klarblick suchen. Sie sind Botschafter der Wahrheit, jener verlorenen Wahrheit, der uns von nun an jeder Tag näherbringt, obwohl wir lange Zeit hindurch nichts weiter von ihr haben sagen können, als daß sie unser Vaterland war und daß wir ohne sie Verbannung litten. Doch endlich formen sich die Worte, der Tag bricht an, das Vaterland wird eines Tages seinen Namen empfangen. Ein Dichter von heute verkündet es in großartiger Weise und erinnert uns, um die Gegenwart zu rechtfertigen, daran, was sie schon ist, nämlich: »Erde und raunender Klang, inmitten unpersönlicher Sterne.«

Übersetzt von Kurt Leonhard

FRANCE HUSER:
INTERVIEW MIT RENÉ CHAR (AUSZÜGE)

[...]

F. H.: Während des Krieges, in der Résistance, hatten Sie in Ihrer Kommandostelle in Céreste eine Reproduktion des »Gefangenen« von Georges de La Tour an die Wand geheftet.

R. C.: Für mich und meine Genossen war Georges de La Tour der einzige, der mit uns war, der Wirkliche, von einem Schweigen getränkt, einem Reichtum, der zugleich Verteidigung gegen sich selbst und Verteidigung gegen den Feind sein kann. Der »Gefangene« war komischerweise in jenen Jahren eine sichere Stütze, eine Antwort, die ihrer Frage entledigt ist. Ich erlaube mir, mich zu zitieren: »Seine brennesseltrockene Magerkeit – ich sehe keine Erinnerung, die sie erschauern machen könnte. Die Eßschale ist Ruine. Aber das aufgeblähte Gewand füllt ganz plötzlich den Kerker aus. Das Wort der Frau gebiert das Unverhoffte eher als irgendeine Morgenröte ...« So steht es mit Georges de La Tour und mit manchen Dichtern: Eine Reihe von Blitzen (die Kerze, die Fackel) und von langen Schatten, die der Reflexion Zeit lassen ... Manchmal sind die Visionen ungenau; aber die Überraschung ist solcherart, daß sie die Dunkelheit überleben, die sie berührt. Es ereignet sich ein neuer Blitz, er bringt einen neuen Zauber bei, wenn wir zusammen arbeiten. Hinter der Nacht und den Blitzen gibt es etwas wie Schrift. Und die Schrift sagt die Geschichte, die de La Tour – neben anderen – uns auf wenigen Seiten erzählt hat. Doch jede Seite ist, wie der Blitz, geschrieben, um zu verschwinden: Sie tritt ein in den grausamen Kampf mit den Menschen und mit der Zeit. Die ist manchmal ihr Freund – aber zumeist ihr Feind. Ebenso unterliegen Gedichte geheimnisvollen Metamorphosen. Unter anderen wählt die Zeit sie aus, nimmt sie auf in ihre Nebelbarke und entschleiert sie uns, wir empfinden die gleiche Freude wie einst vor einem Gedicht von Villon.

F. H.: Dieser Gegensatz von Schatten und Licht bei Georges

de La Tour, den findet man auch oft in Ihren Gedichten ...
R. C.: Durch ihn habe ich ein neues Gut und Böse wiedergefunden. Das *Böse* ist, kurz gesagt, der Tag: Seine Gestalten haben sichtbare oder unsichtbare Übel, einen skrofelbefleckten Hals, sie sind blind, oder das Messer ist bereits gezogen. Oder die dargestellten Szenen weisen auf Raub, Betrug etc. Das *Gute* ist die Nacht. Die Nachtszenen feiern, beinahe körperlich verteidigend, das Schweigen und die Meditation. Strände von Dauer, wo sich die Zukunft erstreckt. So etwa die »Anbetung der Hirten«, wo das Kind aus einem runden Königskuchen hervorzutreten scheint, in Windeln gewickelt wie eine große dicke Bohne.
F. H.: Wenn man Sie so hört, wird dieser künftige Heiland keine Gestalt der biblischen Geschichte mehr sein. Er wäre eher ein Bauernsohn, mit einem Wort, ein Zeitgenosse von Georges de La Tour.
R. C.: Ja. Der Maler erscheint uns als Zeuge, also als Zeitgenosse derer, die er malte. Er könnte im Haus neben ihnen gewohnt haben. Als Säugling habe ich ein ähnliches Häubchen wie das seine getragen, und ich bin wie er verpackt worden. Die Neugeborenen in ärmlichen Familien waren von Hirnhautentzündung bedroht; ihre Mütter von Kindbettfieber. Um das Kind zu beschützen, mußte man die Perlenschnecke finden – eine unter tausend –, die auf dem Kopf eine vollkommen runde Perle trägt, rund wie der Planet Erde. Tatsächlich handelte es sich um verfestigte, um reiner gewordene Erde. Kurz bevor ich auf die Welt kam, begab sich also meine Großmutter zum nahegelegenen Hügel und suchte mehrere Tage lang nach dem seltenen Weichtier, wobei sie ein Massaker unter den Schnecken anrichtete. Hundertmal habe ich die Erzählung gehört, aber man sagte eben, es genüge, diesen »Glücksstein« oder »Hirtenstein« in das Häubchen des Kindes einzunähen, um es vor Übel zu bewahren. Als ich geboren wurde, war nun aber mein Körper von jener Membrane umhüllt, die man »Glückshaut« nennt: Das deutete auf ein Kind, das eine Vorbestimmung hat, das keine Gefahr

fürchtet, das ein außerordentliches Leben erwartet! Lieblicher Aberglaube! Meine Großmutter nahm die Perle, ging ans Fenster und warf hinaus, was sie mit so großer Mühe gefunden hatte.

F. H.: Man könnte meinen, diese Geburt wäre ein Märchen. Auf einigen Ihrer Zeichnungen, die in *La nuit talismanique* gesammelt sind – zum Beispiel »Le Ventoux au loup« –, gibt es den gleichen Lichthof von Geheimnis und Mehrdeutigkeit, eine schwarze, animalische Gestalt, die sich vor einem flammenden Hintergrund abzeichnet.

R. C.: Später erst habe ich gesehen, daß der Wolf wirklich da ist, wie er ein Beutetier überwältigt. Eine Nacht- und Schrekkensgeschichte. Mein Großvater, ein ausgesetztes Kind, war in die »Schublade« gekommen, die Sozialfürsorge jener Zeit. Mit zehn Jahren bei einer Bauernfamilie des Mont Ventoux untergebracht, oft beschimpft und verprügelt, führte er die Herde auf die Weide. Eines Abends riß der Wolf eines seiner Lämmer. Aus Angst vor Strafe wagte das Kind nicht, zum Hof zurückzukehren, und verbarg sich in einer tiefen Höhle. Die ganze Nacht strichen die Wölfe draußen umher. Als der Tag anbrach, machte das Kind sich auf den Weg, wanderte weit. Es kam durch zwei Dörfer, eine Stadt und langte schließlich vor einer Gipsbrennerei an, wo es, überanstrengt und ausgehungert, um Arbeit fragte. Der Besitzer staunte über sein zartes Alter, interessierte sich für den Jungen und veranlaßte das Nötige. Ironischerweise nannte das Kind sich Charles Magne, und so war es Karl der Große, der langfristig eingestellt wurde, der die Säcke ausklopfte und die Bindfäden aufsammelte, der sein künftiges Handwerk lernte, von ganz unten anfangend und endlich gut behandelt. Aber es ist Zeit, mit dieser erbaulichen Geschichte aufzuhören.

F. H.: Das ist eine Ihrer ersten Zeichnungen. Aber Sie haben auch Holzleisten mit Farbstiften und Tusche koloriert und mit Wachs abgedichtet, um dann ein auf Birkenrinde geschriebenes Gedicht daran zu befestigen.

R. C.: Die Frontispiz-Zeichnung des *Carnet d'insomnie* hat

den Titel »Soleil aux dents noirs«. Sie entstand in einer Zeit, als ich nicht mehr schlafen konnte. Wie sollte ich die Nacht verbringen? Da ich die Elektrizität schlecht vertrage, ihren unbeweglichen, durchdringenden und kalten Schein, benutzte ich Kerzenlicht und fing an, bereits begonnene Gedichte zu *hören*, andere anzulocken. So entstand die Zeichnung und der Rückgriff auf die Farbe. Mein Leiden geriet in Bewegung, ein Zeichen vielleicht, daß ich im Wahren war. Die Farbe für mich: etwas Feuchtes, Hilfreiches. Ich hatte ausländische Tuschen, in allen Farben; ich machte mich ans Zeichnen und ans Malen, auf weißen Kartons, mit denen mich mein Freund Guy Levis Mano versorgte, und auf Birkenrinde, die ich dem Wald von Epte entwendete und dann trocknete, zwischen den Seiten eines dicken Wörterbuchs, wochenlang. Danach glättete ich sie, um sie auf die Schrift vorzubereiten. In diese Lehre ging ich ein Jahr lang. Ich glich einem Analphabeten mitten in einem Buch, das er niemals wird lesen können. Aber ich war hatnäckig. Wenn die Birkenrinde endgültig bemalt war, befestigte ich sie mittels zweier kleiner Nägel unter der Leiste, um mich davon zu überzeugen, daß sie nicht heilig sei. So sind Gedichtanfänge entstanden, alle waren sie nächtlich. Ich zeichnete blitzende Spuren, die ich mit Wachs von Farbe umgab.

F. H.: Dann sind also die »Talismane«, die in der Ausstellung in der Bibliothèque Nationale zu sehen sind, die Illustrationen zu *La nuit talismanique*, letztlich das Ergebnis einer schmerzlichen Erfahrung?

R. C.: Die Nacht war mir tatsächlich schmerzlich, aber ich liebte sie wie ein verschwundener Meister, während ich zugleich das strahlende Licht mißbilligte. Wollen Sie eine Erklärung hören, die gewiß nicht die einzige ist? Als ich im Mai und Juni 1940 mit dem Schutz einer Versorgungskolonne beauftragt war und einen kleinen Lastwagen mit einem Maschinengewehr und zwei Männern als Bedienungsmannschaft fuhr, mußte ich die deutschen »Stukas« beobachten, die es sich nicht versagten, uns anzugreifen. Ich hatte keine dunkle

Brille, die Sonne brannte mir in den Augen, und ich haßte sie. Ich schrie: »Ich verabscheue das Licht, ich verabscheue die Sonne ...«, und ich tauchte den Kopf ins Wasser des Baches, sobald sich einer fand.

F. H.: Aber schon vor jener Erfahrung der Schlaflosigkeit stößt man in einigen Ihrer Gedichte auf die obsessive Gegenwart der Nacht. Ich denke an die Sammlung *Dehors la nuit est gouvernée* mit ihrem prophetischen Titel ...

R. C.: Im Augenblick ihrer Wiederkehr habe ich die Nacht immer bewundert. Sie war wie ein Meer, in dem ich schwamm, langsam vorankommend, ohne Gischt zu hinterlassen. Als mein Vater starb – ich war elf Jahre alt –, gab es in unserem Haus keine Elektrizität, man benutzte noch Petroleumlampen und Gas. Sobald die Gaslampe gegenüber dem Gartentor gelöscht war, war das ganze Dorf in Dunkel getaucht. Die Bewohner, die ausgingen oder nach Hause kamen, benutzten Laternen. Die Nacht war im Vollbesitz ihrer Macht; es verging kein Augenblick des Tages, ohne daß sich das Wort Gespenst ins Gespräch der Gläubigen wie der Ungläubigen eingeschlichen hätte. In den Zimmern unseres Hauses erschien die Nacht dem Kind, das ich war, noch undurchdringlicher als anderswo. In jenem Winter 1918 war das einzige Licht die wechselnde Flamme des unablässig erneuerten Kaminfeuers in dem Zimmer, wo mein Vater in Agonie lag.

F. H.: Und dennoch sprechen Sie verliebt von der Nacht, als sei sie Ihre Komplizin gewesen.

R. C.: In der Nacht nämlich konnte ich entweichen, heimlich fortgehen, mit dem einzigen Zweck, glaube ich, jenes Geräusch besser zu hören, welches das ihre ist, vermischt mit dem Atmen des nahen Baches. Ich entfloh dem Reden über den Krieg mit seinem unzähligen Unglück.

[...]

F. H.: Sie haben Paris geliebt, nicht wahr, gemeinsam mit Ihren surrealistischen Freunden?

R. C.: Der nächtliche Gang durch Paris war ganz so, wie Sie es

in den Büchern der besten unter ihnen lesen können. Um die Nacht zu *sehen,* muß man wach sein. Sie ist da, um von Menschen auf dem Rücken getragen zu werden und die offenen wie die geschlossenen Augen zu füllen. Unter einem nächtlichen Raum sucht man nach ein wenig Licht auf der Erde und nach Geschöpfen, die es widerspiegeln. Und man muß das Oben kennen wie das Unten. Es gibt Himmelskarten aus vergangenen Zeiten mit außerordentlichen Personen – kennen Sie die? –, die bei ihren Unternehmungen auf dieselben Schwierigkeiten stoßen wie wir. Sie sind in ihrem glorreichen Raum nur um so wahrscheinlicher. Denken Sie an das Schicksal von Kastor und Pollux, an Eros und an Bellona. Hat man heute nicht mit einer zynischen Gewalt ohnegleichen die Nacht ins Gegenteil verkehrt? Nie hat ein Jäger Orion sein Wild mit derartiger Grausamkeit gehetzt. Ein Arzt erzählte mir kürzlich, das Verschwinden der Nacht habe in den Städten zur Entstehung schrecklicher Krankheiten geführt. »Ja, aber welche denn?« Er blieb stumm und senkte den Kopf. Ich habe nicht weiter nachgefragt. Niemals mehr Nacht, menschengroßes Dunkel, jene fließende Dichte der Luft, die das Schwarz ringsum verströmt.

F. H.: »Dehors la nuit ...« – ist das nicht vor allem die Begegnung mit einer Frau? Camus hat gesagt, daß jedes Ihrer Gedichte ein Liebesgedicht sei.

R. C.: In jenem sublimen Getümmel erstreckt sich die Nacht ins Unendliche, selbst dort, wo sie physisch noch nicht daran rührt. Die wahre Nacht, die getrunken wird, die unbegrenzte Nacht, durch die unsere Vergangenheit in Blitzen fliegt, in der unser Herz unzerstörbar scheint, sie ist, in der Liebe, diejenige von uns dreien, die unsern Schauer heil bewahren wird.

F. H.: Die Nacht ist das Geheimnis.

R. C.: Ja. Und da haben wir ein vornehmes Wort, das heute die Gestalt eines Greises und zerlumpten Schurken angenommen hat. Was ist Geheimnis? Schwachsinnige Frage. Etwas, was man dem andern verbirgt? Ein Wort, das man einem

anderen Wort verbirgt? Hat es eine Dauer, ein langes oder kurzes Leben? Geheimnis ist ein Morgen, das noch nicht auf sich selbst zurückgeführt ist. Was in sich größer wird, vereint sich immer enger mit uns.

F. H.: Jene Schattenzone, die es um sich bewahrt ...

R. C.: Das Geheimnis ist von Anbeginn dem Leben notwendig; denn seine Verankerung ist die Wahrheit, eine Wahrheit, die schweigt, und die mit dem Reichtum gebrochen hat. Das, was schreit, was uns fordert, warum soll man es nicht aussprechen, das Glück, das spürt man in Wirklichkeit wie eine Nadel, die mit einem einzigen Zustoßen ihre Spitze und ihren Faden durchziehen wird, einen Knoten machen und verschwinden. Ein gewaltiger Karpfen, auf den jeder aus ist und den er doch nie nach dem Gehör wird fischen können.

F. H.: Um solcherart einen Teil von sich zu verwahren, haben Sie wohl in der Sondernummer von *L'Herne*, die Ihnen gewidmet war, Ihre Biographie 1946 enden lassen.

R. C.: Ja, seitdem gibt es eine *Unterernährung*, was man verstehen mag, wie man will. Nach 1946 betrifft mein Leben kaum anderes als mich, einige Wesen, die mir lieb sind, und meine Arbeit. Es ist indessen kein Leben, das mit seinem verlängerten Schatten ablaufen würde.

F. H.: Mir schien, daß in diesem Schweigen, dieser nach dem Krieg umgewendeten Seite, für jemanden, der sich so leidenschaftlich engagiert hatte, eine Art Erschöpfung liegt, ein Mißtrauen gegen die Zukunft. »Bittere Zukunft, bittere Zukunft, Tanz zwischen Rosenstöcken ...«, das sahen Sie in den *Feuillets d'Hypnos* voraus.

R. C.: Vielleicht. So etwas gab es. Ich hatte die kleine Chance, mich in einer Art Grenzbereich zu befinden, am Ende der Tat und am Anfang von etwas anderem – aber diesmal ohne Illusionen über dies andere. Da ich nicht gute Taten gewählt habe und die guten Taten mich nicht adoptiert haben, bin ich zum Handwerk der Poesie zurückgekehrt, das ich ein wenig vernachlässigt hatte. Dann habe ich die Wahl getroffen. Ich habe wahrgenommen, daß die Poesie immer noch dort war,

wo der Weg weiterging, daß ich sie aufwecken und nichts als sie wecken mußte.

F. H.: Eine politische Rolle, die Sie doch leicht hätten spielen können, hat Sie nicht gereizt?

R. C.: Der am besten getarnte Feind des Dichters ist die Aktualität. Er muß immer einen Schritt voraus sein. Und die Aktualität ist ein heimtückisches Fleisch. Die Politik eine blühende Brennessel. Ein alter Vorrat, von der Hexerei ererbt und von den talentierten Possenreißern, die sich gern tummeln. Politik ist erzwungene Bosheit.

F. H.: Wie konnten Sie der Résistance angehören?

R. C.: Nicht, indem ich mich am Kopf gekratzt hätte. Es war keine Heldentat, sondern ich war auf der Flucht. Im November 1940 kam die französische Sonderpolizei zu mir, um eine Hausdurchsuchung vorzunehmen. Man hielt mich für einen Kommunisten, obwohl ich immer bloß Surrealist gewesen war. Mir blieb nichts mehr übrig, als ins Gebirge zu gelangen und mich für den Kampf zu entscheiden, auf den meine Gedanken und meine Phantasien sich schon vorbereiteten. Ich habe das nicht bedauert. England reizte mich nicht.

F. H.: Bei der Lektüre Ihrer Texte entdeckt man immer wieder eine konkrete und richtige Realität. Sie evozieren die Lerche, »äußerste Glut des Himmels und erste Hitze des Tages ...« Das Bild ist befreiend. Es bezeichnet den Vogel, der am nächsten zur Sonne fliegt. Sie sagen: »Man tötet sie durch Blendwerk«, und hier steht auf dem Möbelstück neben dem Fenster das alte Instrument in Vogelgestalt, das spiegelnd aufblitzt, ein alter Lerchenspiegel, den die Bauern bei der Jagd in Drehung versetzten. Ein Kunstwerk wurde es nur, weil Sie seit langer Zeit nicht mehr Jäger sind.

R. C.: Eines Tages erzählte mir in der Nähe einer romanischen Kirche eine Frau weinend von der Eifersucht ihres Mannes. Als ich wiederum an dieser zugleich anmutigen und massiven Kirche vorbeiging, kam mir ein Vers, als sei er vom Kirchturm gefallen: »Wahrheit mit heimlichen Tränen, spendenreichste der Höhlen.« Und das tragende Wort »Höhle«

war aus aufeinander folgenden Zufällen entstanden; der Aufstieg nach Thouzon am selben Morgen, das Gespräch mit der Frau, die mir unter Tränen erzählte, was geschehen war ... Poesie läßt sich nicht in die strenge Sprache der Logik übersetzen. Sie ist eine ursprüngliche Sprache und wird aus verwandelten Ereignissen gebildet. Es gäbe noch viel zu sagen, aber die Erde unter unseren Schritten schmilzt unter der Sonne wie ein gefrorener See ...

F. H.: Hier neben diesem Tisch, der mit Papieren, mit Briefen, mit Büchern – den zuletzt erschienenen – überhäuft ist, arbeiten Sie hier? Oder während der langen Spaziergänge, die Sie so gern mit Ihrem Hund Tigron machen?

R. C.: Wenn Valéry versichert, die Poesie bestehe in vier ungestörten Morgenstunden am Schreibtisch, spricht er für sich und gegen die Inspiration. Mallarmé hätte ihm in diesem Zusammenhang, wenn er es nicht für lächerlich gehalten hätte, einige Aufklärung geben können. Ein Dichter hat selten Verfügungsgewalt über die Stunde seiner Ankunft. Sätze, Wörter, Themen sind gegeben, andere kaum angedeutet. Manchmal – das ist Gnade, Königsweg – ist das Manuskript gleichsam ohne Streichungen, alles Wünschbare steht da. Andere Male bedeutet es, mit der Heugabel gefoltert zu werden.

F. H.: Arbeiten Sie an einem einzigen Gedicht oder an mehreren gleichzeitig?

R. C.: Fatalerweise drängen sich mehrere heran; aber ein einziges steht im Vordergrund. Manchmal kommt ein Satz aus dem Tritt; ein Wort stolpert wie ein Pferd über ein Hindernis und läuft, wieder aufgestanden, in eine Richtung, die nicht die seine ist. Plötzlich erfahren wir die Empfindung einer Lücke, wie man sich bei Dauerregen über einen fehlenden Ziegel im Dach ärgert. Dies Wort wird nicht kommen: Man sollte lieber umziehen, statt den Maurer zu rufen!

F. H.: Finden Sie das nicht ziemlich ungewöhnlich, lieber umzuziehen, als den Maurer zu rufen?

R. C.: Das bringt mich dazu, ein viel tieferes Problem zu

überfliegen. Wahrscheinlich sind wir Krüppel, die einander nicht kennen, irreduzibel im Guten wie im Bösen, *»totalisiert«*, wenn wir auf die Wörter zurückgreifen wollen, die so lange Schritte machen. Tätig oszillieren wir zwischen Tag und Nacht und sind nie ganz das eine noch ganz das andere. Leben richtet sich eher an die hartnäckige Imagination des Herzens als an die Lehren des Geistes, die vorübergehen. Um den Menschen in seiner Bewegung zu bestimmen und zu versuchen, ihn teilweise zu verändern, bedarf es der Illusionen einer Menschenmenge.

F. H.: Was kann Sie im Laufe des Tages glücklich machen?

R. C.: Was für eine Frage! Das Mißbehagen hat mehr Seinsgründe als das Wohlbehagen. Ein Augenblick des Glücks kommt ohne Vorankündigung und durchquert uns; ebenso erhebt sich, wenn es sehr heiß ist, der Wind in eben demselben Augenblick wie der Wunsch, dank dessen wir das Ende des seifigen Bretts erreichen und mit dem Kopf zuerst ins klare Wasser tauchen. So auch heute ein wohlgeführter Kampf gegen die Urheber eines verhaßten Ereignisses. Ich nehme mir vor, heute abend vor dem Einschlafen den »Pflanzer von Malata« zu lesen, eine Geschichte von Joseph Conrad aus dem Buch »Am Rande der Gezeiten«. Ich liebe die Hauptfigur, deren Umrisse auf merkwürdige Art Kleist ähneln, einem Kleist, der, einsam geworden und zu sich selbst zurückgekommen, sein Leben auf einer fernen Insel beendet hätte.

[...]

F. H.: Wie schön ist es, auf Ihrem Tisch diese behauenen Feuersteine zu entdecken. Darunter sind einige, die Sie gestern von einem Ausflug mitgebracht haben ...

R. C.: In den Bergen des Vaucluse kann man welche finden. Ihr Sinn? Als ich entdeckt habe, daß die Finger sofort, wenn sie einen behauenen Feuerstein ergreifen, sich an dieselbe Stelle legen wie die Finger jener Menschen, sechs- bis achttauend Jahre vor unserer Zeit. Die Hand findet instinktiv denselben Zugriff, an derselben Stelle. Damit ist nicht gesagt,

daß die Hand auch in künftigen Jahren wissen wird, wie das zu machen ist. Ich habe gesehen, wie junge Leute herumtasten, die nicht wissen, wo sie instinktiv ihre Finger hinlegen sollen ... Ein Kind kennt heute die Vogelnamen seiner Heimat nicht mehr, und auch nicht die Namen der Bäume und die Eigenschaften ihres Holzes. Sie kennen nur noch die Kastanienbäume, weil ihnen im Herbst die Kastanien auf den Kopf fallen! [...]

Les Busclats, 16. Februar 1980

Übersetzt von Henriette Beese

EDITORISCHE HINWEISE

Dieser Band ist eine Auswahl von Texten aus der zweiteiligen deutschen Ausgabe *Poésies. Dichtungen* (1959 und 1968) von René Char. Von den Übersetzern sind inzwischen Jean-Pierre Wilhelm (1912–1968), Paul Celan (1920–1970) und Johannes Hübner (1921–1977) verstorben.

Char wurde 1907 im provençalischen Städtchen Isle-sur-Sorgue geboren und lebt dort bis heute. In den Jahren 1929 bis 1936 wohnte er in Paris und stand der surrealistischen Bewegung nahe, von der er sich dann gleichzeitig mit seinem Freund Paul Éluard distanzierte. Char veröffentlichte nicht während der deutschen Besetzung. Die Texte, die er während dieser Zeit als Führer einer Widerstandsgruppe schrieb und die ihn berühmt machten, sind *Es bleiben aber* und *Hypnos* – Hypnos war sein Deckname in der Résistance.

Die Numerierung in den (hier gekürzten) Aphorismussammlungen *Unanfechtbarer Anteil* und *Hypnos* wurde aufgehoben. Geringfügige Korrekturen und die Datierung der Entstehungsjahre wurden nach der »definitiven« Ausgabe der Werke von René Char in der Bibliothèque de la Pléiade bei Gallimard, 1983, vorgenommen. Der Text von Albert Camus wurde 1953 aus dem Manuskript für die *Neue Rundschau*, übersetzt. Die französische Vorlage ist nie veröffentlicht worden. Die Übersetzung diente später als Vorwort für den ersten Band der deutschen Ausgabe der Werke Chars. Das (hier gekürzte) Interview von France Huser erschien im *Nouvel Observateur*, 3. März 1980. Die deutsche Übersetzung stammt aus dem Band *Im Spiegel. Johannes Hübner zum Gedächtnis*, 1983.

C. S.

INHALT